Erwin Przybysz

MATROSENLEBEN

Seefahrt in der Vor-Container-Zeit

AF642757

Kadera-Verlag

Erwin Przybysz

Matrosenleben

Seefahrt in der Vor-Container-Zeit

Biografische Erzählungen

VERLAG
KADERA

Erwin Przybysz
MATROSENLEBEN
Seefahrt in der Vor-Container-Zeit
Biografische Erzählungen

1. Auflage
ISBN: 978-3-948218-37-9

Dieses Buch ist auch als E-Book erhältlich und kann über den Handel oder über den Verlag bezogen werden.
E-Book: ISBN: 978-3-948218-38-6

Lektorat/Korrektorat und Buchgestaltung: Günther Döscher
Coverfoto: iStock/atlantic-kid
Bilder im Innenteil: Privat-Archiv Erwin Przybysz, Erinnerungs-Postkarten/Fotos befahrener Reedereien.

Die Deutsche Nationalbibliothek verzeichnet diese Publikation in der Deutschen Nationalbibliografie; detaillierte bibliografische Daten sind im Internet über https://portal.dnb.de abrufbar.

© 2021
Kadera Verlag, Hamburg
Alle Rechte vorbehalten.
www.kadera-verlag.de
Gedruckt in Europa

Der Kadera Verlag ist ein Imprint der Bedey und Thoms Media GmbH, Hermannstal 119k, 22119 Hamburg
https://www.bedey-media.de

Inhalt

Einstimmung

Um es gleich am Anfang zu sagen: Wer wie ich bald neun Jahrzehnte gelebt hat und als Seemann rund um die Welt unterwegs war, der muss kein Seemannsgarn spinnen. Da gibt es genug wahre Geschichten, auf die ich während sie passierten gern verzichtet hätte. Aber nachher lässt sich das ja gut erzählen – und manchmal ist es sogar zum Lachen.

So hat vielleicht auch meine Mutter gedacht, als sie mich am 5. August 1933 in Hamburg auf die Welt brachte. Es war ein Samstag und ab dem Tag war für sie auch der Sonntag ein Arbeitstag. Mein Erzeuger hatte sich gleich nach meiner Geburt aus dem Staub gemacht.

Meine Mutter war die Älteste von sechzehn Geschwistern. Sie war es gewohnt, mit schwierigen Lebenslagen umzugehen. Als ich zwei Jahre alt war, zogen wir von Hamburg nach Kiel, dort hatte sie Arbeit gefunden und wir hatten genug zu essen. Auch die Ratten, mit denen wir unsere Barackenwohnung teilten, wurden fett und groß wie Kaninchen.

Als ich fünf Jahre alt war, heiratete Mutter ihren Freund Hermann. Er kam aus Posen, adoptierte mich – und fortan hieß ich Erwin Przybysz.

»Priwisch«, hatte er mir die Aussprache beigebracht. »Du heißt jetzt Erwin Priwisch.«

Dann hat er es mit großen Buchstaben aufgeschrieben – ERWIN PRZYBYSZ – und mir den Zettel in die Hosentasche geschoben und gesagt: »Damit du uns nicht verloren gehst und wenn dich mal jemand nach dem Namen fragt.«

Das war selten, den meisten genügte es, dass ich Erwin war. Und ich ging auch nicht verloren, denn ich hatte einen guten Orientierungssinn, weil ich jeden Tag schon früh den drei Kilometer langen Weg zu meiner Großmutter gehen musste, wenn Mutter zur Arbeit ging. Zweimal hatte sie mir den Weg gezeigt, der eine lange Strecke durch einen Wald verlief, in dem ich manches Mal hinter Hasen oder Rehen herlief und dann den Weg wiederfinden musste.

Ohne Schule geht's ja nicht

Kurz bevor meine Schulzeit begann, zogen meine Eltern mit mir zurück nach Hamburg. Sie nahmen ihre neue Arbeit in der Fischfabrik auf. Sankt Pauli wurde unser neues Zuhause. Jetzt drehte sich alles um Fische und um große und kleine Schiffe, deren Sirenen tutend und pfeifend die Luft erzittern ließen. Schwarz rauchende Bugsierschlepper brachten Bulkfrachter und Tankschiffe an ihren Platz. Hammerschläge

Das Passagierschiff »St. Louis« gehörte damals zu den größten Dampfern im Hafen. Am 13. Mai 1939 lief sie mit 937 Juden an Bord nach Kuba aus. Von der Irrfahrt, weil alle Länder keine oder nur wenige Emigranten aufnehmen wollte, erfuhr ich erst Jahre später, als das Schiff zum Abwracken im Hafen lag. Dennoch beeinflusste es mich, Matrose zu werden.

dröhnten rhythmisch von der Werft. Es war laut, hektisch und oft stinkend, nicht nur, wenn uns eine Möwe kreischend mit einen Schuss aus dem Schwanzgefieder traf.

Oft dachte ich wehmütig an Großmutters großes Haus in Kiel, in dem zwei Familien wohnten. Rundherum war ein Blumengarten und ein Stall mit Schweinen, Hühnern, Enten und Kaninchen. Auch Hund und Katze gehörten zum Haus. Ganz anders als Hamburg – wo sich die Wohnung mit Fischmief füllte, wenn meine Eltern abends von der Arbeit kamen.

Die große Schultüte ist die beste Erinnerung, die ich an meine Schulzeit habe. Ich bin dort nie mit Lust hingegangen. Mir gefielen die Lehrer nicht – eine Sache der Gegenseitigkeit. Kaum ein Tag, an dem ich nicht den Rohrstock auf dem Hintern spürte. Als ich im zweiten Schuljahr während der Schulferien sechs Wochen nach Sachsen geschickt wurde, war es auch nicht besser. Die Gastfamilie war überhaupt nicht nach meinem Geschmack.

Viel besser gefiel mir im nächsten Jahr die Ferienverschickung nach St. Peter Ording an der Nordsee. Für uns Großstadtkinder ein tolles, sechswöchiges Erlebnis. Wir genossen Strand und Meer in vollen Zügen – bis es zurück ging ins verhasste Klassenzimmer. Doch jede Pflichtschulzeit hat irgendwann ein Ende …

Schrecklicher als die Schule waren schließlich die Bombenangriffe auf Hamburg. Unsere Familie war inzwischen um einen kleinen Bruder gewachsen. Den mussten wir immer im Wäschekorb mitschleppen, wenn die Sirenen an zu heulen fingen und wir laufen mussten, um in den Bunker zu kommen.

Im Laufe meines Lebens habe ich den Krieg aus meinem Gedächtnis gestrichen – oder zumindest zusammengestrichen, damit es nicht den ganzen Kopf ausfüllt.

Mein Stiefvater war zum Militärdienst eingezogen. Ich spielte mit Freunden auf der Straße, ging zur Schule, schmiss Fensterscheiben ein, ärgerte den Lehrer, bekam von meiner Mutter Prügel, lief während des Fliegeralarms zum Bunker und so weiter. Das war mein Alltag in den ersten Kriegsjahren.

*

Im Jahr 1944 wurde es wohl mal wieder Zeit, mich zu verschicken. Diesmal sollte es nach Bayern gehen. Man nannte es KLV, Kinderlandverschickung. Ich war elf Jahre alt, und es war nicht vorgesehen, dass dieser Ausflug ein Jahr lang dauern sollte. Mit 14 weiteren Kindern reisten wir im Bummelzug nach Passau. Meist fuhren wir nachts, denn tagsüber war die Gefahr groß, von feindlichen Tieffliegern angegriffen zu werden. Zwei Tage und Nächte waren wir mit dem Zug unterwegs.

Auf dem Passauer Bahnhof reckten und streckten wir unsere Glieder, bekamen eine warme Mahlzeit und stiegen um auf einen Lastwagen. Es ging durch Täler und über Berge. Unsere verstädterten Kinderherzen jubelten über solch eine schöne Landschaft nach der öden Nachtfahrt mit dem ratternden Zug.

Das Ziel war ein großes Schloss, das für Ferienkinder hergerichtet worden, weil es nicht mehr von einem Fürstenpaar bewohnt wurde. Es lag mitten in einem Dorf, hatte Gesindehäuser und Stallungen und war von einer großen Mauer umgeben, die nur ein Tor hatte, das stets offen stand. Pattling und Straubing waren die nächsten Städte, zu denen wir Ausflüge machten.

Zu meinem großen Bedauern, ging die Schule in dieser Zeit weiter. Umso größer die Freude am Unterrichtsende. Dann kletterten wir in Felsen und auf Bäume, sammelten im Wald Pilze oder pflückten Brennnesseln, die in der Schlossküche zu Spinat wurden.

Nachmittags wurden wir in Gruppen aufgeteilt zu den umliegenden Bauern gekarrt, um bei der Kartoffelernte zu helfen. Das hat Spaß gebracht, vor allem, weil es mit kräftigem Essen belohnt wurde. Vom Krieg bekamen wir hier nicht viel mit. Ob man uns so gut verpflegte, weil man meinte, uns noch für den Endsieg zu gebrauchen? Dafür war es schon zu spät.

Als sich die Truppen der Alliierten unserem Dorf näherten, stiegen wir wieder in einen Lastwagen, der uns an einen sichereren Ort bringen sollte. Das war ein katholisches Nonnenkloster, das an der Donau hoch am Hang in einem Wald versteckt war. Dort waren zehn Nonnen um uns besorgt, wenn wir unten in der Donau badeten oder uns bei Felsenklettereien die Hosen zerrissen. Mit der Arbeit bei den Bauern hatte es ein Ende, zu leicht hätten die Tiefflieger uns auf den Feldern ausmachen können. So war denn auch das Essen klösterlich mager, die Verpflegung der Wehrmacht war jetzt wichtiger. Wir Kinder hatten dennoch großen Hunger und mussten viel

Nahrung im Wald suchen oder zogen mit Handkarren zu den Bauern und baten um Kartoffeln. Die wurden dann im Kloster mit der Schale gekocht und auch so gegessen. Und dennoch knurrte uns der Magen.

Die Nonnen beteten oft für uns, damit wir nicht an diesen Zuständen verzweifelten.

Dann wurde das stille Kloster doch vom Gerassel der Panzerketten aus seinem Dornröschenschlaf gerissen. Weit entfernt konnten wir die amerikanischen Panzerkolonnen fahren sehen. Was wir als Abwechslung empfanden, machte unseren Lagerleiter zusehends nervöser. Die Nonnen beteten immer lauter, als wollten sie böse Geister verscheuchen.

Dann kamen sie eines Morgens mit ihren Panzern bis vor das Kloster, um hier erst ein Picknick abzuhalten und dann länger zu bleiben. Wir Jungen umrundeten staunend die Panzer und nahmen von den Amis Kaugummi entgegen.

Die Nonnen hörten nicht mehr auf zu beten. Die Stimmung im Schloss war, als ob wir alle auf etwas Unheimliches warteten. Unser Lehrer bekam über Nacht graue Haare.

Es kam schon lange keine Post mehr von Zuhause. Wir wussten nicht, was aus unseren Eltern geworden war. Uns alle hatte das große Heimweh gepackt.

Wir wollten nach Hause

Es bestand keine Aussicht, uns Jungs nach Hamburg zu bringen. Mit jedem Tag wurde das Essen knapper. Jeden Morgen mussten wir uns auf dem Hof aufstellen. Wir wurden durchgezählt und jeder musste seinen Namen rufen.

Und dann fehlten zwei. Wo waren sie? Wir Jungs wussten es. Sie hatten sich nachts weggeschlichen, wollten sich auf den Weg machen, mit nichts als einem kleinen Bündel des Nötigsten. Wir waren alle aus Hamburg. Dorthin wollten sich die beiden durchschlagen.

»Die sind bald wieder zurück«, sagte unser Aufpasser mit lehrreicher Erklärung: »Das ist einfach nicht zu schaffen. Züge fahren nicht. Bis Hamburg sind es 900 Kilometer. «

Das sind zu viele Schritte für elf- bis dreizehnjährige Kinder. Trotzdem machten sich zwei Tage später wieder zwei Jungs auf den Weg Richtung Norden, wo sie zu Hause waren.

Die Nonnen beteten nicht mehr. Sie sangen jetzt Klagelieder, um besser erhört zu werden.

Nun waren also vier von uns unterwegs. Das machte mir Mut, es ebenso zu machen. Zwei Kameraden konnte ich überreden, mit mir zu gehen. Jeder sollte nur eine kleine Tasche mit etwas Zeug und einer Wolldecke mitnehmen.

Wir beobachteten, dass die Nonnen Nachtwachen aufgestellt hatten und planten dementsprechend eine günstige Fluchtnacht.

Beim Abschied von unseren zurückbleibenden Kameraden wischten wir uns doch ein paar Tränen aus den Augen, schließlich hatten wir gemeinsam trotz allem eine schöne Zeit erlebt. Lautlos schlichen wir in stockdunkler Nacht aus dem Kloster – erst einmal in den Wald, wo uns einige Wege vertraut waren.

Als es hell wurde, konnten wir den weiteren Weg planen. Ich hatte schon vor einiger Zeit eine Generalstabskarte von Deutschland stibitzt. Darin war jedes kleine Dorf eingezeichnet und ich hatte mit einem Lineal eine Linie von unserem Kloster nach Hamburg gezogen. Das war nur die grobe Richtung. Flüsse und Berge gaben die Umwege vor. Auch mussten wir die großen Straßen vermeiden, denn darauf waren Panzer und andere Militärfahrzeuge unterwegs. Ohne je davon gehört zu haben, konnten wir uns gut vorstellen, dass sie uns sofort schnappen und in ihre Monsterfahrzeuge stecken würden.

Wir waren gerade einen Tag unterwegs, als wir uns auf einer Kreuzung ohne Wegweiser fast in die Haare kriegten. Jeder hatte eine andere Idee. Als ein Pferdegespann des Wegs kam, hängten sich meine beiden Kumpanen hinten dran. Ich blieb trotzig auf der Straße stehen, weil mir mein kleiner Kinderverstand sagte, dass das der falsche Weg war. Immerhin war ich derjenige, der die Deutschlandkarte hatte und die ich nun ausgiebig studierte.

Nach einem halben Tag erreichte ich das Dorf, das unser Tagesziel sein sollte. Meine Kumpel waren weit und breit nicht zu sehen, sie konnten mich nicht auslachen. Ich war auf dem richtigen Weg.

Ein Bauer erlaubte mir, im Stroh seiner Scheune zu übernachten. Mit meiner Decke war das ganz gemütlich. Es war ja Sommer. Am nächsten Morgen hatte mir die Bauernfamilie ein kräftiges Frühstück serviert. Sie waren erstaunt, dass sich ein Zwerg von zwölf Jahren auf einen so langen Weg gemacht hatte. Sie warnten mich, dass in einigen Gegenden in Richtung Norden noch gekämpft wurde. Das waren Spannungsfelder, die ich oft auf langen Wegen umgehen musste, um auf meinem Kurs zu bleiben.

Tagsüber war ich auf den Beinen. Für die Nacht musste ich einen Schlafplatz finden, manchmal war es nur der Wald. Meistens jedoch übernachtete ich bei hilfsbereiten Bauern, die mir auch etwas zu essen gaben. Doch auch das konnte gefährlich sein.

Einmal schlief ich in einer Scheune, als mich das Tack-Tack-Tack der Bordkanone eines Flugzeugs aus dem Schlaf riss. Neben mir schlugen Geschosse ins Stroh. Der feindliche Luftakrobat hatte es auf das Bauernhaus abgesehen. Der

Bauernfamilie war nichts geschehen. Glück gehabt! Nur sein Dach war jetzt nicht mehr wasserdicht.

Zwei Tage später – ich wollte gerade bei einem Bauernhof um ein Mittagessen bitten – hörte ich das Brummen eines Flugzeugs. Im gewohnten Reflex sprang ich in das nächste Gebüsch. Dann hörte ich den Bauern schreien, der gerade sein Feld bestellte. Angeschossen sackte er zusammen. Das Flugzeug drehte ab. Seitdem mied ich offene Felder.

Nach meiner Karte hatte ich festgestellt, dass ich pro Tag zwischen 25 und 40 Kilometer schaffte. Hamburg lag in weiter Ferne. Bestimmt konnte man mir die Strapazen meiner Wanderung ansehen, denn als ich zu einem deutschen Lazarett kam, bestanden die Krankenschwestern darauf, mich erst einmal für drei Tage bei sich zu behalten, um mich liebevoll zu pflegen und mit Essen zu versorgen. Dann machte ich mich wieder auf den Weg nach Hamburg; ich wollte doch auf dem schnellsten Weg zu meinen Eltern.

In einem Waldstück traf ich auf ein abgeschossenes Flugzeug. Es war nicht ausgebrannt, und so konnte ich es ausgiebig untersuchen und meinen Reiseproviant mit der herumliegenden Schokolade auffüllen. Das war offenbar eine wichtige Kriegsverpflegung. Auch als mich auf einer Landstraße einmal eine amerikanische Panzerkolonne überraschte und ich schon

Angst hatte, dass sie mich aufgreifen oder sogar beschießen würden, bewarfen sie mich mit Schokolade und Kaugummi. Mir war es recht.

Aber die Schokolade hatte nicht soviel Energie in sich, wie mein Körper inzwischen verlangte. Mit anderen Worten: Ich war fix und fertig. Als ich nach Weimar kam, fühlte ich mich so matt, dass ich einfach bei einem Haus an die Tür klopfte, um nach Essen und einem Schlafplatz zu fragen. Zwei junge Frauen machten mir auf und sahen mir meine Erholungsbedürftigkeit sofort an. Gern wollten sie mir helfen. Sie erzählten, dass sie Krankenschwestern sind. Das Essen war knapp, aber sie brachten immer etwas auf den Tisch. Als ich ihnen erzählte, was für eine lange Wanderung ich bereits hinter mir hatte, wollten sie mich am nächsten Tag noch nicht gehen lassen. Sie wussten auch, dass in drei Tagen ein Güterzug mit Flüchtlingen nach Hamburg fahren sollte. So lange sollte ich ihr Gast sein und mich erholen.

In dieser Zeit kamen mir die jungen Krankenschwestern immer seltsamer vor. In ihrem Wohnzimmer hatten sie einen großen Lampenschirm, von dem sie erzählten, dass er aus tätowierter Menschenhaut sei und aus dem Konzentrationslager Buchenwald stamme. Sie amüsierten sich über mein erschrockenes Gesicht und wollten mich noch mehr erschrecken, indem sie mir einen menschlichen Schrumpfkopf mit langen

Haaren in die Hand legten. Vor Schreck ließ ich ihn fallen und fragte, ob der auch aus Buchenwald stammt. Sie nickten.

Dann erzählten die Frauen, dass der erwartete Flüchtlingstransport mit einem Güterzug stattfand, in dem im Krieg Juden nach Buchenwald gefahren wurden. Sie selbst wollten in den Zug einsteigen und alles im Haus zurücklassen. Ich dachte mir nicht viel dabei und war froh, auf diese Weise schneller nach Hamburg zu kommen.

Der Zug war rammelvoll. Es gab nur Stehplätze, aber zum Umfallen war gar kein Platz. Leider ging es jedoch nicht bis Hamburg. Nach nicht viel mehr als hundert Kilometern war die Fahrt zu Ende – die Gleise waren defekt. Erst als ich wieder allein auf Wanderschaft war, dachte ich über die beiden Frauen nach. Ob sie wohl Krankenschwestern in dem Konzentrationslager Buchenwald waren? Hatten sie das nicht manchmal angedeutet? Mir wurde kalt.

Nach und nach verlor ich die Angst vor fremden Soldaten. Oft hatte ich sogar das Glück, dass sie mich, wenn sie am Wegesrand eine Pause machten, zum Mitessen einluden. Einige von ihnen sprachen ein wenig deutsch und fragten mich, woher ich komme und wohin ich wollte. Als ich ihnen von meinem Plan erzählte, wollten sie es kaum glauben und lachten mich manches Mal amüsiert aus. Doch der Weg nach Hamburg wurde jeden Tag etwas kürzer. Eines Tages stand ich vor den Hamburger Elbbrücken.

Zurück in Hamburg

Die Elbbrücken wurden von der englischen Militärpolizei abgeriegelt. Jedes Fahrzeug wurde gründlich durchsucht. Für Personen galt Leibesvisitation und Passkontrolle. Das war schlecht für mich, denn ich hatte keine Papiere. Also machte ich mich kleiner als ich war und lief neben einem Fuhrwerk mit, während die Kontrolleure auf der anderen Seite beschäftigt waren. So kam ich über die Elbe.

Am späten sonnigen Vormittag kam ich in unsere Straße, die zur Hälfte weggebombt war. Unser Zuhause, eines der ältesten in der Straße, war unbeschadet durch den Krieg gekommen.

Schuljunge Erwin (12) mit Bruder Rolf (5) und Mutter

Doch als ich an der Wohnungstür klopfte, öffnete niemand.

»Deine Mutter ist mit dem Kleinen zu Hagenbecks Tierpark gegangen«, erzählte mir eine Nachbarin.

Ich setzte mich auf die Treppe vor der Wohnungstür und wartete, bis ich schließlich eingeschlafen bin. Dann glaubte ich, dass ich träumte, doch es war wahr. Meine Mutter hatte mich in die Arme genommen und rief immer wieder: »Erwin, mein Erwin, da bist du endlich, wo warst du denn bloß …« Und sie lachte und weinte zugleich, während mein Bruder Rolf still dastand, bis er mich schließlich in die Seite buffte und sagte: »Wir haben ganz viele Affen gesehen und ein Papagei hat ›Hallo Rolf‹ zu mir gesagt.«

Meine Mutter konnte es nicht glauben, dass ich den langen Weg von Passau bis Hamburg meistens zu Fuß gegangen bin. Dann habe ich ihr meine Landkarte gezeigt, auf der ich dreißig Wandertage eingezeichnet hatte, und sie fand es noch unglaublicher. Aber sie wusste auch: Züge fuhren nicht.

Als ich beim Essen alles, was mir im Augenblick wichtig erschien, erzählt hatte, fragte ich, ob Vater bald von der Arbeit kommt.

Da wurde Mutter traurig, nahm mich noch einmal in den Arm und erzählte, was noch gar nicht lange her war: Mein Stiefvater war beim letzten Bombenangriff auf Neumünster ums

Leben gekommen. Den ganzen Krieg hatte er an unterschiedlichen Fronten überstanden, und dann sollte sein Leben ein Ende haben – bei einem kleinen Bombenangriff auf Neumünster kurz vor der Kapitulation der Deutschen.

»Er war immer ein guter Mann und für euch ein guter Vater«, sagte sie leise – ohne zu weinen, und weil es damit genug sein sollte, weil das Leben für uns weitergehen müsste – auch für Uwe, mit dem sie noch schwanger war, als sie unseren Vater zum letzten Mal gesehen hatte, und der jetzt im Kinderwagen schlief. Sie sah mich ernst und entschlossen an und sagte mit fester Stimme: »Gott sei seiner Seele gnädig.«

Es folgten Jahre des Hungers. Als Ältester von drei Jungs hatte ich die Aufgabe, für Kohlen und Proviant zu sorgen. Weit weg bis nach Uelzen und Lüneburg führten meine Hamstertouren mit dem Fahrrad. Vormittags Schule, die ich manchmal ganz oder wenigstens um eine Stunde schwänzte, nachmittags Hamstermärsche. Drei Brüder hatten wie ich Hunger, und niemand wollte frieren. Wie früher Trapper und Indianer spielen, das gab es jetzt nicht mehr.

Erst mit der Währungsreform ging die Hamsterei zu Ende. Jetzt konnte man alles kaufen. Allerdings mussten wir nun auch für Kartoffeln und Kohlen bezahlen, das war schade.

1949 war für mich endlich die Schulzeit zu Ende und zu meiner Konfirmation durfte ich zum ersten Mal in meinem Leben lange Hosen tragen. Das war etwas ganz Besonderes – und der Anzug-Verkäufer gab mir einen wertvollen Tipp mit auf den Weg:

»Vermeide es, mit dem Anzug in den Regen zu kommen, sonst kann es passieren, dass die Hose nach dem ersten Schauer nur noch deinem vierjährigen Bruder passt.«

Trotz der schlechten Zeit, zauberte meine Mutter zur Konfirmationsfeier allerlei Essbares auf den Tisch. Mir wurde klar, dass jetzt ein anderes Leben beginnt. Welchen Berufsweg sollte ich einschlagen? Ich hatte Begabung zum Zeichnen. Vielleicht Reklamemaler? Oder hatte ich zum Autoschlosser Lust?

Schließlich entschloss ich mich, Seemann zu werden. Dabei könnte ich etwas von der Welt sehen und zu Hause wäre ein Esser weniger am Tisch …

Auf diesem Schlick-Ewer begann mein Seemannsleben.

Seefahrt tut Not

Das also sollte die christliche Seefahrt sein? Ich erfuhr es auf einem 120-Tonnen-Schlick-Ewer auf kleiner Fahrt. Es ging bis ins Ruhrgebiet und zurück nach Hamburg. Wenn irgendwas nicht so klappte, wie der Käptn, der gleichzeitig Eigner dieses Dampfers war, es sich vorgestellt hatte, setzte es Prügel. Die Arbeit war hart und verbrauchte mehr, als man auf dem Teller hatte. Nach dreißig Tagen warf ich das Handtuch.

Das nächste Schiff war nicht größer als das erste, hatte aber mehr Rost. Ich war froh, als ich nach zwei Wochen wieder von Bord ging. Mein Heuerbas hatte Mitleid mit mir und vermittelte mir einen Arbeitsplatz auf der »Elisabeth«. Das war ein seetüchtiges Schiff, das seine Strecke auf der Nord- und Ostsee fuhr. Endlich sollte ich als Seemann die Länder rund um Deutschland kennenlernen: Finnland, Polen, Dänemark, England, Schweden, Estland, Lettland, Russland, Irland, Holland, Belgien, Schottland, Frankreich. So ging es kreuz und quer mit dieser schaukelnden Badewanne über die See. Der schwarz qualmende Schornstein war so lang wie der Mast. Schlappe 800 Tonnen konnte sie von Hafen zu Hafen bringen. Ein ganzes Jahr lang war ich der »Elisabeth« treu, obwohl sich der alte Kohlesteamer bei jeder größeren Welle auf die Seite legte, was mir den Magen umdrehte. Ich habe gekotzt, als wäre es ein Sport – die Fische mögen sich gefreut haben.

Mit der »Elisabeth« dampfte ich auf der Nord- und Ostsee zu den Ländern rund um Deutschland

An Bord hatten wir im Wechselrhythmus sechs Stunden Wache und sechs Stunden Freizeit. Das war meistens nicht gerade aufregend – aber es gibt immer mal Überraschungen, die uns aus der Gemütlichkeit herausreißen…

Lässig hatte ich mein Bein über das Handsteuerrad gelegt, um so den Druck etwas zu mildern. Die See war relativ ruhig, der Wind etwas unstet. Das war tückisch, denn unversehens knallte eine größere Welle gegen das Ruderblatt. Das Ruder drehte sich wie wahnsinnig – mein Bein konnte ich nicht rechtzeitig wegnehmen – und schon flog ich im hohen Bogen durchs Ruderhaus und landete im Schiffsnock. Das war vorauszusehen, Rasmus war stärker.

Aus Schaden wird man klug. Nach einem Jahr war ich Jungmann und wollte mir ein Schiff suchen, das etwas mehr Rücksicht auf meine Seekrankheit nahm. Der Kapitän nahm es mir nicht übel.

Die Schiffe wurden größer

Erst einmal gönnte ich mir vier Wochen Heimat-Urlaub in Hamburg. Abwechselnd streckte ich meine Beine Zuhause bei meiner Mutter unter den Tisch oder unter den Tresen der Washington-Bar in der Bernhard-Nocht-Straße. Dann musste ich wieder Salzluft schnuppern.

Mein Heuerbas schickte mich auf ein 5000-Tonnen-Schiff, mit dem es bis ins Mittelmeer ging. Das wärmere Klima gefiel mir, und ich hatte das Gefühl, langsam immer mehr von der Welt zu entdecken.

Ein halbes Jahr später wechselte ich auf ein Schiff unter englischer Flagge, Kurs Nordamerika. Die Arbeit an Bord des alten Schiffes war hart und die Reise lang. Zurück in Hamburg, hatte ich mir den Urlaub redlich verdient. Und in der Washington-Bar gab es genügend Bier, um an Land nicht auszutrocknen.

Als es mich wieder auf See zog, traute mir mein Heuerbas mehr als bisher zu. Einen dicken Pott mit 12000 Tonnen Ladegewicht hatte er für mich ausgesucht.

»Du hast ja bestimmt inzwischen ein bisschen Englisch gelernt«, machte mir mein Heuerbas Mut. »Also rauf auf das nächste englische Schiff. Der Kapitän ist ein Schotte, mit dem kommst du klar, Erwin.«

Damit hatte er recht. Der Käptn war mit mir als Matrosen einverstanden und fragte, ob ich noch einen Leichtmatrosen mitbringen könnte.

Ich schüttelte den Kopf. »Nein, ich bin allein. Aber ich könnte wohl einen besorgen.« Dabei hatte ich einen Kneipen-Kumpel im Sinn.

»Okay«, sagte der Käpitän, »dann bringe mir den mal vorbei. Morgen früh laufen wir nach Rio de Janeiro aus.«

Am Abend ging ich in meine Stammkneipe, um diesen Kerl zu treffen, der dort immer auf seiner Gitarre herumzupfte und ein paar Lieder sang. Manchmal sogar von Rio de Janeiro. Freddy hieß er, und er war sofort begeistert, als ich ihm erzählte, dass er sich bis früh um zehn beim Kapitän melden müsste, um mit mir auf große Fahrt nach Südamerika zu gehen.

»Na, klar, Erwin«, sagte er. »Da komme ich mit.«

Ich war schon um halbneun an Bord und sagte dem Käptn, dass ich einen Leichtmatrosen für ihn an der Angel hatte.

Der Käpitän war beeindruckt: »Danke,

mein Junge«, sagte er. »Dann brauche ich mir den O.S. ja nicht bei der Agentur zu bestellen.«

Aber Freddy kam nicht an Bord. Er wird mein Angebot für einen Kneipenspaß gehalten haben oder er hat den Termin nach einer langen Nacht verschlafen. Ich habe nie danach gefragt. Doch beim schottischen Käptn auf der »Beaverlodge« war ich erst einmal ausgezählt. Immerhin brachte der Agent rechtzeitig vorm Auslaufen einen O.S. (Ordinary Seaman) an Bord.

Bis zum Einlaufen in die Bucht von Rio de Janeiro war das alles vergessen. Im Kopf war nur noch Platz, um dieses herrliche Bild aufzunehmen. Drei Tage lagen wir in dieser Bucht vor Anker und beobachteten im klaren Wasser riesige Mantas, Haie und Schwertfische. Schön anzusehen, doch leider kein Badeparadies für überhitzte Seeleute.

Die »Beaverlodge« auf großer Fahrt nach Rio de Janeiro. Sänger Freddy aus der Washington Bar war nicht an Bord. Hatte er verschlafen oder dachte er, meine Anfrage war Spaß?

Zum Ausgleich haben wir den Landgang genossen. Und das war für überhitzte Seeleute nicht die schlechteste Alternative.

*

Ein halbes Jahr später liefen wir wieder in Hamburg ein. Nach einem kurzen Urlaub bestieg ich mit zwanzig weiteren Seeleuten ein Flugzeug der KLM. Wir flogen über Madrid nach Gibraltar, wo ein sogenanntes Liberty-Schiff unter kanadischer Flagge auf uns wartete.

Gefährliche Fracht

Das Schiff war mit Erz beladen, das in Mobile im Staat Alabama gelöscht wurde. Von dort ging es nach Kuba, wo wir Zucker für Triest an Bord nahmen. Von Triest aus dann Ballast-Fahrt nach Marseille, wo militärische Güter für Indochina geladen wurden. Saigon war der Zielhafen. Panzer, Munition und weitere Militärgüter füllten die Frachtluken. Alles für die dort stationierten Fremdenlegionäre.

Da das Schiff explosionsgefährdete Waren geladen hatte und die Besatzung keine Gefahrenzulage erhalten sollte, waren der Messesteward und ich nicht willig, die Reise anzutreten. Denn wir wussten: Ein norwegisches Schiff, das die gleichen Güter an Bord nahm, zahlte der Besatzung einen Extrabonus. Damit war klar, dass wir hintergangen wurden. Vielleicht hatte der Kapitän den Gefahrenzuschlag in die eigene Tasche gesteckt. Sollte er doch mit seinem Bombenschiff allein in die Luft fliegen! Unsere Abenteuerlust ließ sich nicht im Normaltarif steigern.

»Wir werden dem Käptn mit seinem Bombentransporter den Rücken zeigen«, war auch die Meinung des Hamburger Messestewards. Also packten wir das Notwendigste in unseren Zampel und verließen das Schiff zu einem ganz gewöhnlichen Landgang. So sah es nicht nach einer Vertragsflucht aus. Es kam ja immer einmal vor, dass Seeleute in einer Kneipe hängengeblieben waren.

Zwei Stunden hatte das Schiff noch auf uns gewartet, dann hieß es »Leinen los!« Mit zwei Besatzungsmitgliedern weniger.

Wir lagen in der Zeit in der Sonne und konnten das Schiff gut beobachten. Zwei Stunden später meldeten wir uns beim englischen Konsulat.

»Sie wurden uns bereits vom Schiff als desertierte Legionäre gemeldet«, erklärte uns der Konsulatssekretär. Bedauernd zog die Schultern hoch. »Leider können wir Ihnen nicht helfen. Wir sind nicht zuständig. Das wäre für Sie das deutsche Generalkonsulat in Paris.« Und wie wir dort hinkommen, wäre unsere Sache, er könne uns leider auch keine Fahrkarte geben. »Versuchen Sie es doch per Autostop. Also – auf Wiedersehen und goodbye!«

Auf dem Flur sahen wir uns erschrocken an. Was nun? Unsere Zauberkunst war am Ende.

»Schlendern wir erstmal ein bisschen durch die City«, schlug ich vor. »Vielleicht fällt uns dabei etwas ein.«

Der Zufall wollte es, dass wir einen geschäftstüchtigen Araber trafen, der sogar etwas Deutsch und Englisch sprach. So kam eine kleine Unterhaltung zustande, die vom Knurren unserer Bäuche begleitet war. Ein paar Sandwiches und Kaffee gingen auf die Rechnung des Arabers. Das war ungewöhnlich nett, denn von Arabern kannten wir nur, dass sie versuchten, uns übers Ohr zu hauen, wenn sie an Bord kamen, um uns irgendetwas zu verkaufen.

Die Nacht verbrachten wir in einem billigen Hotel. Am nächsten Tag wollte der Araber mit uns eine Lösung finden, ohne Geld nach Paris zu kommen.

Zunächst versuchten wir es mit dem Konsulats-Vorschlag, doch der Plan, per Autostopp von Marseille nach Paris zu trampen, schien von Misstrauen verfolgt zu sein. Offenbar hielt man uns wirklich für desertierte Legionäre. Manche Fahrer hielten sogar an, um es uns direkt ins Gesicht zu sagen, dass einen Deutschen allenfalls in die Hölle fahren würden.

Schließlich richteten sich all unsere Hoffnungen auf die Reiseidee des Arabers. Sein Einfall war genial. Er besorgte uns Zugbahnsteigkarten. Damit begaben wir uns zum Marseiller Fernbahnhof, wo um 21:30 Uhr ein Reisezug nach Paris abgehen sollte – unser Zug.

Die Bahn war pünktlich. Wir stiegen ein und saßen bequem in einem Abteil der 2. Klasse, uns gegenüber ein älteres französisches Ehepaar. Langsam rollten wir aus dem Bahnhof …

Jetzt galt es, dem den Zugbegleiter zu entgehen. Mein Kumpel übernahm die erste Gangwache. Nach zwei Stunden wurde der Kartenkontrolleur gesichtet. Jetzt wurde es spannend, denn wo sollten wir uns verstecken?

Wir hatten einen verwegenen Plan: Wir wollten uns während der Fahrt draußen an den Wagentüren festhalten, mein Freund rechts, ich links in Fahrtrichtung. Der Zug hatte ein höllisches Tempo drauf. Es war nicht leicht, die Türen zu öffnen. Vorher hatten wir gedacht, es sei schwerer, sie von außen zu schließen. Der Fahrtwind pfiff uns um die Ohren, während wir sogar durch einen Bahnhof fuhren. Wir mussten uns mit steifen Beinen so schlank wie möglich machen, um nicht mit Signalmasten zu kollidieren. Rabenschwarze Nacht – und ich klammerte mich an den Zug, während der Wind versuchte, mir die Jacke vom Leib zu reißen. Ich schwor, dass ich es niemals noch einmal machen würde, sollte ich diesen Höllentripp überleben.

Dabei hingen wir kaum länger als fünf Minuten im Wind, bis der Schaffner an uns vorbei in einen anderen Wagen wechselte. Wir gaben uns Zeichen, öffneten wieder mit großer Anstrengung die Türen und gingen zurück in unser Abteil.

Erschrocken waren wir über die Gesichter des Ehepaars in unserem Abteil – in ihren Gesichtern stand der Schrecken, den offenbar wir ausgelöst hatten. Jetzt erst betrachteten wir uns gegenseitig: Schwarze Gesichter und die Haare standen bizarr zu Berge.

Auf der Toilette holten wir so gut es ging unser menschliches Aussehen zurück. Doch kaum saßen wir so gesäubert wieder im Abteil, als das Unheil in der Gestalt des Schaffners erneut ins Abteil trat.

Grabesstille – dann die Forderung, die wir auch ohne französische Sprachkenntnisse verstanden: »Vos billets s'il vous plaît!«

Nervös und kramten wir in unseren Taschen. So etwas kannte der Schaffner bereits. Seine ohnehin karge Freundlichkeit schwand gänzlich dahin. Er machte ein paar Handbewegungen, mit denen er uns in Richtung seines Dienstabteils dirigierte. Zwecklos, sich zu widersetzen.

In seinem Beamtengemach erfuhren wir, dass er uns so schnell wie möglich der Fremdenpolizei übergeben wollte. Das geschah dann auch auf der nächsten Station. Zweihundert Kilometer hatten wir zurückgelegt, gut fünfhundert waren es noch bis Paris.

In Valence übergab man uns der Gendarmerie. Am nächsten Tag sollte ein Schnellgericht darüber entscheiden, was mit uns passieren sollte. Dass wir jemals Paris erreichen, schien uns in diesem Augenblick nur wenig realistisch.

Vor dem kleinen Familiengericht warf man uns vor, dass wir Frankreich als Vagabunden durchqueren wollten. Vierzehn Tage Isolationshaft, lautete das Urteil. Doch damit war es nicht genug: Nach unserer Strafverbüßung gab man jedem von uns Gelegenheit, auf einem Bauernhof das Fahrgeld bis zur deutschen Grenze zu erarbeiten. Von Sonnenaufgang bis Sonnenuntergang sollte ich in der französischen Landwirtschaft schuften. Das Geld für Essen und Schlafen wurde vom kargen Lohn abgezogen. Es brauchte keiner großen Rechenkünste, um auf ungefähr sechs Monate Landwirtschaftsschufterei zu kommen, um damit den Fahrpreis nach Deutschland zu erarbeiten.

Verdammt, ich saß in der Falle. Ich musste handeln. Nach drei Tagen schlich ich mich am Nachmittag davon und wanderte fünfzehn Kilometer zurück nach Valence.

Meinem Kumpel war es ähnlich gegangen – so war es gar kein Zufall, dass wir uns in Valence wiedertrafen. Ein Freudenfest – wenn wir Geld dazu gehabt hätten.

Und jetzt? Den Trick mit der Bahnsteigkarten wollten wir nicht noch einmal riskieren. Nur schnell nach Deutschland. Kurz entschlossen stellten wir uns erneut der Behörde und bettelten: »Steckt uns lieber wieder ins Gefängnis, aber nicht noch einmal zum Bauern.«

Auf dem Amt herrschte Aufregung. Es wurde wohl so aufgefasst, als hätten wir Widerspruch eingelegt. Das Tribunal sollte erneut über unser Schicksal entscheiden – und man kam zu einem praktischen Entschluss: In Begleitung zweier Gendarmen wurden wir zum Bahnhof gebracht. Dort überreichte man jedem von uns eine Fahrkarte nach Straßburg.

Dort müssten wir dann nur noch über die Rheinbrücke nach Kehl gehen, erklärte man uns, und schon wären wir dort, wo wir sowieso hin wollten: Cette Allemagne!

Über soviel Vertrauen wunderten wir uns. Doch als wir in Straßburg aus dem Zug stiegen, standen schon zwei Polizisten bereit, die uns kannten, ohne dass wir uns vorstellen mussten.

»Mitkommen!«, sagten sie auf deutsch, und weil wir nicht den Eindruck machten, dass uns das gefiel, erklärte einer von ihnen: »Wir bringen euch zur Brücke.« Das erwies sich als großzügiger Service, denn bis zum Rhein waren es vom Bahnhof doch einige Kilometer.

An der Grenze gab man uns die Adresse von einem Flüchtlingsverein in Kehl, wo wir uns melden sollten. Waren wir Flüchtlinge? Jedenfalls bekamen wir dort eine warme Mahlzeit.

Als wir erzählten, dass wir nur aus Versehen in Frankreich unterwegs waren und nur schnell nach Hause wollten, aber kein Reisegeld mehr hatten, schob man uns einen Laib Brot unter den Arm und gab uns ein Stück Käse in eine Hand und in die andere eine Fahrkarte für eine Bummelzug-Reise nach Hamburg.

Ein Blick in die Fahrpläne zeigte uns, dass wir zwei Tage brauchen würden, um wieder in Hamburg zu sein. Kurz entschlossen setzten wir uns in einen Schnellzug und erzählten dem Schaffner, dass wir in Hamburg nachzahlen werden.

Wir haben es dann allerdings nicht getan. Unser Geld brauchten wir für neue Anzüge und Schuhe, denn die waren durch diese Tour total aufgebraucht. Aber jedes Abenteuer hat seinen Preis.

Mit der »Kaapland« über den Äquator.

König Neptun lässt bitten

Im Jahr 1954 musterte ich auf der »Kaapland« an. Das Frachtschiff fuhr im Liniendienst nach Südafrika und hatte auch sechs Passagiere an Bord. Auf meiner zweiten großen Reise wurde ich in den Rang des Bootsmanns befördert und hatte die Verantwortung für alles, was an Deck geschah.

Auch beim Landgang musste ich auf meine Crew aufpassen, denn in Südafrika galten die strengen Regeln der Apartheid. Schwarze Girls, Inderinnen, Japanerinnen, Chinesinnen – alle Mädchen, die nicht europäisch bleich waren, galten für uns als unberührbar. Wer es nicht beachtete, dem drohte Arbeit in einem Steinbruch. Also suchten wir strafvermeidend nach Mädchen mit weißer Haut – in Port Elizabeth liefen davon auch Gott sei Dank genug herum – »Blancos satt« sozusagen.

Als Bootsmann war ich anspruchsvoll und lernte die »Frau meines Lebens« kennen. Rosea war Krankenschwester im Groote Schuur Hospital, in dem Professor Christiaan Barnard die erste erfolgreiche Herztransplantation der Welt durchführte. Rosea hatte mein Herz ergriffen, war unsterblich in mich verliebt und wollte mit mir nach Deutschland kommen.

Das musste ihr frommer Wunsch bleiben.

Den größten Spaß an Deck hatte ich bereits auf der Hinfahrt erlebt – ich wurde zu »Neptun, König der Meere« inthroniert und hatte die Äquatortaufe der Passagiere zu vollziehen. Die armen Taufopfer! Was mussten sie nicht alles

Dem harten Spaß der Äquator-Taufe sind kaum Grenzen gesetzt. Tabasko und eklige Sachen schlucken, kalte Güsse und mystische Tänze gehören dazu. Schnaps galt als unerlässliches Mutmittel.

Der Lohn der Prozedur: die begehrte Tauf-Urkunde, von König Neptun persönlich auf der Brust des Käptns unterschrieben.

erleiden! Aber tapfer haben sie es erduldet – und alle überlebten. Wir hatten unseren Spaß sofort, – die Passagiere vielleicht erst später, wenn sie stolz ihren Taufschein vorzeigen konnten.

In Mosambik gab es keine Apartheids-Gesetze, da durften wir uns auch mit einheimischen Mädchen sehen lassen. Ich wollte Rosea vergessen und lachte mir eine Hübsche mit brauner Haut an. Sie war selig, mal einen Europäer kennen zu lernen. Sie lud mich in eine kleine Hütte in ihrem Kral ein. Wir waren darin jedoch nicht in trauter Zweisamkeit allein – Katze, Hund, Hühner, Kaninchen und jede Menge Kakerlaken waren die Mitbewohner. Ich erinnerte mich schnell, dass meine Zeit an Land abgelaufen war. Ein Junge besorgte mir eine Taxe. Als ich abfuhr, lief mein Mädchen neben dem Taxi noch eine Strecke mit, wollte mir noch einmal liebevoll die Hand drücken.

Mitfühlend fuhr der Taximann langsamer, so konnte sie meinen Arm erfassen. Und sie zog und zog – und ließ schließlich sauer los, denn sie konnte meine Armbanduhr nicht abstreifen. Pech gehabt – ein Lederarmband sitzt fester. Wir Seeleute sind doch nicht blöde …

An Bord überprüfte ich meine Garderobe nach Kakerlaken. Alles sauber – Schiff ahoi!

Die Freiheit und Amerika

Nach zwei Wochen Urlaub in Hamburg lockte wieder die weite See. Die Heuerstelle hatte großen Bedarf. Mit fünfzehn weiteren Seeleuten ging es per Flugzeug über Madrid nach Gibraltar. Dort wartete ein Liberty-Dampfer unter liberianischer Flagge auf uns. 12 000 BRT groß und mit internationaler Besatzung. Die Hauptsprache war Englisch. Es sollte als Ballastfahrt nach Norfolk/Virginia gehen. Hier übernahmen wir hauptsächlich Kohlen für Rotterdam.

Mein neues Abenteuer stand unter keinem guten Stern. Auf See bekam ich Streit mit dem deutschen Bootsmann. Irgendwie hatte sich eine kleine Meinungsverschiedenheit aufgeschäumt und in mir den Entschluss reifen lassen, das Schiff in Norfolk zu verlassen.

Das war natürlich nicht mit einem fröhlichen »Tschüß zusammen!« zu machen. Also nahm ich zum Landgang nur das mit, was man bei einem Landgang bei sich hat. Es sollte so aussehen, als hätte ich das Schiff nicht rechtzeitig zum Auslaufen erreicht.

Um entsprechend abzusichert zu sein, legte ich mich in weiter Entfernung an den Strand, um der Abfahrt des Schiffes sicher zu sein. Es war ein heißer Tag und ich verfolgte den Dampfer entspannt mit den Augen, bis er am Horizont verschwunden war.

Jetzt war ich irgendwo in Nordamerika ohne Arbeit und Brot und sagte mir: Wird schon klappen! Erst einmal die Stadt ausforschen. Als ich bei einer Firma um Arbeit nachfragte, sagte man mir: »Komm später wieder.« Das sind so Sätze, die nach Unheil riechen, also mied ich die Firma und verlief mich im Viertel der schwarzen Hafenarbeiter.

Dann stoppte ein Streifenwagen und zwei weiße Polizisten fragten mich, weshalb ich dort herumlaufe und wohin ich denn will.

Jetzt haben sie dich!, dachte ich und gab mir gleichzeitig den Rat: Erwin, bleib cool! Den Beamten erzählte ich, dass ich mich verirrt habe und mein Schiff suche, das im Kohlenhafen liegt.

Freundlich luden mich die Polizisten ein, mich mit dem Streifenwagen zum Kohlenhafen zu fahren – wo mein Schiff allerdings schon lange nicht mehr lag.

»Es ist ziemlich gefährlich, sich hier nachts als weißer Bürger herumzutreiben«, klärten sie mich auf. Am Hafentor ließen sie mich aussteigen. »Hier sind Sie sicher, da können Sie zu Fuß zu Ihrem Schiff gehen«, verabschiedeten sie sich. Und ich atmete kräftig durch und sagte mir: Erwin, du hast mal wieder Schwein gehabt!

Was lag jetzt näher, als mein Glück auf einem amerikanischen Schiff zu versuchen. Allerdings wollte man meine Seefahrtspapiere sehen, doch die waren weit hinter dem Horizont. Ich könnte mir bei meinem Reederei-Agenten ein Ersatz-Dokument besorgen, schlug man mir vor. Das war in diesem Fall keine hilfreiche Idee.

Inzwischen meldete sich mein Magen mit heftigem Knurren – und nirgendwo etwas zu essen. Ich überlegte hin und her, bis ich meinem Magen nachgab. Die Polizei sollte mir ein zweites Mal helfen.

»Ich bin betrunken auf der Uferwiese eingeschlafen und habe mein Schiff verpasst«, erzählte ich auf der Polizeistation.

Geglaubt haben sie es nicht. Aber was sollten sie nun mit mir anfangen? Irgendwo mussten sie mich doch einquartieren. Mir waren vorerst die Sandwiches wichtiger, die ich dankbar und gierig verschlang. Nachdem sie meine Personalien aufgenommen hatten, durfte ich auf der Polizeistation ausschlafen.

Am nächsten Tag sperrte man mich in das Norfolker Untersuchungsgefängnis. Kaum war ich hinter Gittern, untersuchten mich die Häftlinge nach Waffen und Messern. Nanu, das hatte ich doch bereits auf der Polizeistation hinter mir. Oder dachten die Ganoven, ich hätte die Taschen voller Tabak?

Meine Hosenträger, Schnürsenkel und Gürtel wurden mir schon vor der Einlieferung abgenommen. Als ob ich als Selbstmordkandidat einzustufen wäre. Blödsinn! Aber das war wohl die amerikanische Justiz-Gründlichkeit.

Zwei Wochen lang durfte ich zwischen Raubmördern und Sexualtätern leben. Allgemein betrachtet waren es friedliche Ganoven, die sich in dieser Staatspension ganz wohlfühlen konnten: Es gab Fernsehen. Das Essen war ausgezeichnet; dem Anstaltskoch würde ich glatt zwei Sterne plus geben. Sonntags gab es Chicken. Es fiel mir sogar im Spiegel auf, dass ich während dieses Aufenthalts ein paar Pfunde zugenommen hatte.

Für mich waren diese zwei Wochen unfreiwilliger Staatsaufenthalt eine Art Urlaub – und dann doch eine Freude, wieder das Licht der Freiheit zu erleben. Für die übrigen Insassen dürfte es ein bedeutend längerer »Urlaub« gewesen sein.

Man gab mir meine persönlichen Sachen zurück. Doch damit war ich noch kein freier Mann in dieser Welt der unbegrenzten Möglichkeiten. Mir wurde ein kräftig gebauter Kriminalbeamter von wohl sechzig Jahren zugeteilt. Er zeigte mir mit ernstem Gesicht seine Dienstpistole und ich begriff: Jeder Fluchtversuch wird böse enden! Natürlich wollte ich gern wissen, wohin unsere Reise gehen sollte, doch Sherlock Holmes schwieg wie ein toter Fisch. Vielleicht war ihm ja jede Unterhaltung mit mir untersagt. Ich war wohl auch im Land der unbegrenzten

Sicherheit – immer mit mindestens zwei Metern Abstand. Wir fuhren mit dem Zug, mit einer Fähre, mit einem Bus und schließlich auch mit einem Taxi. Der Krimi-Senior musste immer tief in sein Staatssäckel greifen. Amerika ließ sich nicht lumpen. Nach einer Tagesreise erreichten wir nachts das Hafengelände von Marcus Hook im Staat Pennsylvania. Dort lag ein 22 000-Tonnen-Tanker an der Pier, liberianische Flagge, gleiche Reederei wie das Schiff, das mich hergebracht hatte. Jetzt ging mir ein Licht auf … Ob ich wollte oder nicht – ich musste anheuern.

Nachdem ich dem Kapitän vorgestellt wurde, servierte mir der Steward Essen und Trinken in einer Kabine, die er sorgfältig abschloss, als er wieder ging. Arrest, bis das Schiff abgelegt hatte. Dann gehörte ich als Matrose zur bunten internationalen Mannschaft des Tankers.

Die Fahrt ging entlang der Küste von Florida und durch das karibische Meer nach Puerto La Cruz in Venezuela. Dort wurde Öl gebunkert und es ging zurück nach Philadelphia, und so wiederholte es sich alle zwei Wochen.

In Philadelphia stand ich streng unter Beobachtung eines Wachtmanns: Kein Schritt an Land in Nordamerika. Na ja, in Puerto La Cruz konnte ich mich genug austoben – und es war sogar billiger.

Nach drei Monaten war mir das zu langweilig und ich trickste den Wachmann aus, um ein paar Sachen einzukaufen. Nein, ich wollte nicht abhauen und kam brav ein paar Stunden später wieder an Bord.

Als ich oben auf der Gangway angekommen war, traute ich meinen Augen nicht. Da stand der strenge Wachmann mit Tränen in den Augen vor mir und erzählte schluchzend, dass er die ganze Stadt nach mir abgesucht hatte.

»Wenn du nicht zurück gekommen wärst, hätte man mich gefeuert!«, jammerte er. »Ich habe ein Frau und drei Kinder. Sie wären alle verhungert!«

Mit tröstendem Schulterklopfen und dem Versprechen, es nicht noch einmal zu machen, war er bald versöhnt und fasste Vertrauen, mir bei der nächsten Rückkehr einen Landgang zu genehmigen.

Oh, er wird mich gehasst haben, als ich bei der nächsten Rückkehr nach Philadelphia mit hundert Dollar in der Tasche den Mut fasste, mich aus dem öligen Pendelverkehr zu verabschieden. Die nun verhungernde Familie konnte ich mir einfach nicht vorstellen, wurden doch überall helfende Hände gesucht, um Amerika wachsen zu lassen …

Und so dachten auch zwei deutsche Matrosen, die sich mit mir auf den Weg zum Bahnhof machten, wo ein Zug nach New York unter Dampf stand.

New York & Chicago

Sechs Stunden hatte die Fahrt nach New York gedauert. Das Seemannsheim war schnell gefunden. Wir schrieben uns mit falschem Namen ein. Jeder von uns dreien hatte die Erfahrung gemacht, dass es gefährlich ist, illegal in Amerika zu sein. Für drei Illegale war es zu heiß in New York, jeder sollte für sich etwas finden.

Ich suchte im dicken New Yorker Telefonbuch und fand die Anschrift eines griechischen Schiffsagenten. Der würde sicher nicht gleich den Sheriff rufen, stellte ich mir vor. Nach langer Irrfahrt durch New Yorks Straßenschluchten fand ich die Agentur und schilderte dem fetten Griechen mein Anliegen. Der musterte mich durch seine dicke Hornbrille, blätterte in einem prallen Ordner.

»Was kannst du denn?«, fragte er lustlos.

»Ich bin Matrose und kann alles machen, was ein Matrose zu machen hat«, sagte ich fest.

»Hm«, raunte der Grieche. Er nannte ein Schiff unter dänischer Flagge. »Kannst als Leichtmatrose anmustern. Was anderes habe ich nicht.«

»Einverstanden«, sagte ich, weil ich keine andere Wahl hatte. Am nächsten Morgen sollte ich früh an Bord antreten. Und so geschah es. Ein Handschlag und ich war eingestellt.

Es war ein kleines Schiff von 3000 Tonnen. Die überwiegend dänische Crew hatte noch drei Schweden, einen Argentinier und mit mir jetzt auch einen Deutschen an Bord. Das Schiff war zwischen Nord- und Südamerika im Dienst. Brasilien, Uruguay und Argentinien und zurück zur Ostküste Nordamerikas. Drei Monate dauerte solch eine Rundreise. Für mich waren es furchtbare Monate wie im Feindesland, denn die Dänen hatten den Krieg noch nicht vergessen und konnten sich nicht recht vorstellen, dass ich damit überhaupt nichts zu tun hatte und eher wie sie darunter gelitten hatte. Es half alles nichts: Meine Kündigung reichte ich schon auf See ein und ich durfte in New York ganz offiziell abmustern. Mit der Auflage, mir innerhalb von vier Wochen ein neues Schiff zu suchen.

Es kam wieder einmal etwas anders, als ich es mir vorher ausgemalt hatte.

Der Argentinier an Bord des dänischen Schiffes hatte mir ein paar Tipps gegeben: »Besorge dir bei der Gewerkschaft eine Social Security Card, das ist eine Art Steuerkarte. Guck dir vorher an, was die dafür wissen wollen. Wenn du immer die Wahrheit sagst, bekommst du die Karte nie. Am besten, du fährst nach Chicago. New York ist zu heiß für Ausländer.«

Das eine wusste ich schon. Von Chicago sprach er aus Erfahrung. Es mit der Wahrheit nicht so genau zu nehmen, hatte ich oft genug geübt.

Also fuhr ich mit dem Bus der Greyhound Line nach Chicago. 18 Stunden Fahrt für 27 Dollars, das war die billigste Reiseart Amerikas. In Pittsburgh wurde der Bus gewechselt.

Und mir war, als ob auch ich ausgewechselt war. Die Lässigkeit der Amerikaner hatte mich in ihren Bann gezogen. Jeder gab sich so, und kleidete sich so, wie er wollte. Die amerikanische Welt war ein buntes Durcheinander. »The way of life«, sagte man – und das ließ sich einfach nicht ins Deutsche übersetzen. Chicago ist »the windy city«, hatte man mir im Bus erzählt. Ich glühte vor Neugierde.

Als ich in einer kleinen Seitenstraße meinen Hunger gestillt hatte, fühlte ich mich zu neuen Taten bereit. Das war auch notwendig, denn mein Geldbestand ging gegen Null. Jetzt brauchte ich die begehrte Social Security Card.

Das Gewerkschaftsgebäude lag zentral in der City. Voller Zuversicht brachte ich mein Anliegen vor und erhielt einige Formulare, die ich ausfüllen sollte. Fragen über Fragen! Ich bekam Herzklopfen. Doch als ich damit fertig war und noch nie zuvor in so kurzer Zeit soviel gelogen hatte – bekam ich die Karte.

Glücklich und wieselschnell verließ ich das Gebäude. Sollte doch noch jemand ahnen, dass auf einem der Fragebogen etwas faul war – mich sollte er nicht finden.

Jobsuche in Amerika

In der »Chicago Tribune« suchte ich nach einer passenden Arbeitsstelle.

»Guter Verdienst und saubere Arbeit« – diese Überschrift in einer Stellenanzeige lockte mich. Eine große Buchhandelsfirma an der Michigan Avenue suchte einen Bookstore Clerk. Was immer das sein mochte, es klang gut. Kein Wunder, dass die Stelle bereits vergeben war.

Mehr Glück hatte ich bei einer Cafeteria mit Selbstbedienung. Nachdem man meine Gesundheit festgestellt hatte, sagte man mir die Arbeitszeit: Von 9:00 bis 16:30 Uhr. Die Gäste bedienten sich selbst, meine Aufgabe war es, die Tische zu säubern und das benutzte Geschirr mit dem Geschirrwagen in die Küche zu fahren, wo die Tellerwäscher schon warteten. Es waren Schwarze, alles gute Kumpel. Trinkgelder wurden nicht geteilt. Wer mit Wechselgeld zu tun hatte, behielt die Überschüsse für sich.

Ein griechischer Angestellter nahm mich mit zu einer Bleibe, wo auch er wohnte. Ein schäbiges Hotel im Armenviertel. Man musste läuten. Dann schlurfte eine schäbige Gestalt heran und öffnete. Nach Papieren wurde nicht gefragt. Für drei Dollar die Woche bekam ich ein zimmerähnliches Loch. Es war so klein, dass ich beim An- und Ausziehen aufs Bett steigen musste. Von Sauberkeit keine Rede.

Drei Wochen später zog ich in ein größeres Hotel, Wochenpreis fünf Dollar. Mein Zimmernachbar war ein alter Grieche mit kläglicher Rente. Er war fast blind und tastete sich stets an den Wänden entlang. Ich bot ihm meine Hilfe an, die er freudig annahm. Wir gingen dann abends gemeinsam zum Essen und tranken dann und wann ein Bierchen. Er kannte sich immer noch überall gut aus.

Obwohl er dann meine Hilfe nicht mehr hatte, gab er mir einen Tipp: »Geh zur amerikanischen Kriegsmarine. Dort hast du nach zwei Jahren Fahrzeit die amerikanische Staatsbürgerschaft.«

Uncle Sam warb auf großen Plakaten: »I Want You For U.S.Army«. Also tauchte ich mit zwei Passbildern in der Tasche im Musterbüro der Marine auf. Über zwanzig junge Männer saßen bereits im großen Wartesaal. Als ich nach drei Stunden an der Reihe war, fragte mir ein Offizier ein Loch in den Bauch.

»Wie sind Sie denn in die Vereinigten Staaten gekommen?«, wollte er wissen.

»Meine Eltern sind mit mir ausgewandert«, erzählte ich ihm selbstsicher.

Der Offizier nickte freundlich: »Dann kommen Sie morgen wieder und bringen Sie bitte Ihre Auswanderungspapiere mit.«

Als ich das dem alten Griechen erzählte, riet er mir davon ab. Es blieb mir ja auch gar nichts anderes übrig, mein Schwindel hatte keine Dokumente, und eine weitere Lüge hätte vielleicht den Verlust der Social Security Card bedeutet.

In der Cafeteria gab es für mich viel zu tun. Ich lernte auch interessante Menschen kennen und wurde manchmal zu den Familie nach Hause eingeladen. Dabei stellte ich fest, dass mein Wochenlohn von 29 Dollar weniger war, als andere zur Verfügung hatten. Ich musste mich nach einem zweiten Job umsehen.

Der war schnell gefunden. Abends und am Wochenende stellte ich Kegel auf und verdiente dabei bis Mitternacht bis zu zwölf Dollar extra. Je schneller ich war, um so mehr wurde gekegelt. Das zahlte sich aus. Aber ich überforderte meinen Körper. Als ich in meinem Cafeteria-Job ab und zu Nasenbluten bekam, gab ich das Kegelaufstellen in der Woche auf; sonntags konnte der Kegel-Wirt nicht auf mich verzichten und bettelte mich mit einem kleinen Aufschlag erfolgreich an.

Für die Woche suchte ich mir einen leichteren Zweitjob: In einer Horde polnischer Frauen half ich dabei, ein sechsstöckiges Warenhaus zu säubern. Die fleißigen Polinnen waren so eifrig bei der Arbeit, dass sie kaum bemerkten, dass mein Interesse vor allem dem interessanten Warenangebot galt.

Nach drei Monaten wollte ich versuchen, mein Geld mit nur einem Job zu verdienen. Das Unternehmen von eingewanderten Holländern hieß De Boer und sammelte mit sechs großen Lastwagen Unrat von Großfirmen ein und brachten ihn zur Mülldeponie in Chicago. Abgerechnet wurde über den Daumen nach Volumen. Wir hatten stets so geladen, dass es nach viel aussah und sich der Aufwand lohnte.

Mein Arbeitstag begann um sechs Uhr morgens und hörte am frühen Nachmittag auf. Jetzt hatte ich Zeit, Chicago kennen zu lernen, einem Sportclub beizutreten und bei gutem Wetter im Michigan-See zu baden. Drei Mal in der Woche besuchte ich eine Highschool, um im bunt gemischten Kreis von Einwanderern mein Seemanns- und Straßenenglisch auf ein besseres Niveau zu bringen.

Ich wurde Dauergast im Regal Theater, wo das Musik-Programm wöchentlich wechselte. Nat King Coole, Louis Armstrong, Rosemary Cloony und andere Stars traten hier auf. Weitere Clubs sorgten für Abwechslung. Kein Wunder, dass mein Geld oft schneller zur Neige ging als es verdient wurde. Das Leben war gut aber nicht billig in den Staaten. Also stellte ich wieder öfter Kegel auf, und der Gastwirt freute sich, seinen schnellsten Pinsetter wieder im Team zu haben.

Hin und wieder fiel mir ein, dass ich vom dänischen Schiff mit einem Vier-Wochen-Aufenthalt zum Anheuern an Land gegangen war. Und ich hatte über Monate hinweg nicht einmal nach einem neuen Schiff gesucht.

Bei der Jobsuche genügte das Vorzeigen der Social Security Card, doch was würde passieren, wenn ich in eine Kontrolle geriet: Festnehmen, einsperren und nach Deutschland deportieren – ich wusste bereits, dass die Behörden unerbittlich waren. Aber ich wollte nicht von meinem Plan lassen: In einem Jahr wollte ich mir allerlei Zeug anschaffen und dann die Heimreise antreten. Jetzt hatte ich einen Job gefunden, der zu diesem Plan passte. Nur der lange Arbeitsweg mit dem Bus gefiel mir nicht. Ich wollte mir ein Zimmer in Arbeitsnähe suchen.

Die Arbeitsstelle lag direkt im Juden- und Schwarzenviertel im Westen von Chicagos South Side. Dort wollte ich mich nach einer neuen Bleibe umsehen. Ich fragte einen älteren Herrn, der auf einer Parkbank saß. Wie es der Zufall wollte: Der Herr war Jude, hier zu Hause, und er hatte ein Zimmer zu vermieten, das er mir sogleich zeigen wollte. Seine Frau war eine nette Dame und sehr erfreut über mein Anliegen. Die beiden arbeiteten nicht mehr und hatten nur eine kleine Rente. Sie boten mir ein schönes Zimmer für dreißig Dollar im Monat an. Ich nickte, ohne zu feilschen, obwohl der Blick aus dem Fenster zum Hof den Wert eher halbierte.

Als ich dem blinden Griechen von meinem Umzug erzählte, weinte er. Jetzt musste er sich wieder allein durch die Gegend tasten. Damit ich ihn in meinen Erinnerungen behalte, beichtete er mir noch, dass er einst in die Gang von Al Capone gehörte. Das war gut so, denn nun konnte ich mich ohne Mitleidsgefühle von ihm verabschieden.

Meine neue Adresse war Chicago 3502 West, 15th Street. Von dort waren es nur zehn Minuten bis zur Arbeitsstelle. Ich konnte Fahrgeld sparen. In meinem Zimmer hatte ich einen kleinen Kocher, mit dem ich mir mein Essen selbst zubereiten konnte. Sonntags wurde ich manchmal eingeladen. Dann hatte die Familie ihren Sohn mit drei Enkelkindern zu Tisch geladen. Wir unterhielten uns dann stundenlang über Old-Germany. Geschickt wich ich stets allen Fragen aus, die mir zum Verhängnis werden konnten.

»Ich bin als Austauschstudent nach Amerika gekommen«, hatte ich schon so oft gelogen, dass ich es bald selber glaubte. Ich war wirklich ein gut trainierter Lügenbaron.

Eines Tages rief mich mein Boss ins Büro und erklärte mit bedauerndem Schulterzucken: »Erwin, wir haben nicht mehr genug Aufträge – ich muss dich entlassen.«

Schrecklich für mich. Andererseits hatte Chicago genug Arbeit. In meinem Zimmer blätterte ich in der »Chicago Tribune« und grübelte. Es kam nur eine Arbeit in Frage, die mich nicht in Konflikt mit der Behörde brachte. Die National Biscuit Company schien mir sicher genug, und auch dort meinte man, mich gebrauchen zu können. Ich spürte ein inneres Stöhnen: Was muss ein Matrose alles durchmachen?

Immerhin: Jetzt hatte ich nie mehr Hunger. Cakes soweit das Auge reichte. Mit und ohne Schokolade. Hier und da probierte ich. Wohl an die achtzig Prozent des Personals waren Frauen. Viele Hübsche waren dabei, aber bei der Fließbandarbeit und mit nur knappen Pausen blieb kaum Zeit, sich darum zu kümmern. Und es war eine Arbeit, bei der das Rauchen verboten war. Das konnte ich nicht lange aushalten. Zudem war der Winter in Chicago eingezogen. Es war nicht mehr lange hin bis Weihnachten.

Mein Vermieter erzählte mir, dass die Weihnachtszeit die beste Saison zum Geldverdienen sei. Er hatte auch eine Stelle für mich ausfindig gemacht – vielleicht aus Angst, dass ich ihm ohne Arbeit die Miete schuldig bleiben könnte.

Bei »The Bennet Brothers«, eine Versandfirma mit einem Waren-Katalog, musste ich die bestellten Dinge in Pakete packen und diese entsprechend adressieren und postfertig machen. Das war eine noble Arbeit mit Schlips und Kragen und mit Ein-Finger-System an der Schreibmaschine.

Handschriftlich kam nur meine Unterschrift mit falschem Namen hinzu, der nun auch dafür bürgte, dass der Inhalt stimmte. Wir machten viele Überstunden, und so machte ich in mancher Woche schlappe hundert Dollar. Auch nach

Abzug von vierundzwanzig Prozent »Income Tax« war das eine Menge Geld. Darum wollte ich diese Stelle so lange behalten, wie es ging. Wir waren ein gutes Team mit jungen Leuten und die Arbeitsstelle lag »in the loop« – mitten in der Stadt. Die Fahrt mit dem Bus war jetzt wieder etwas länger. Einen Sitzplatz zu erwischen, war reine Glücksache, und oft musste man einen Bus passieren lassen, weil er überfüllt war. Unmöglich, dabei immer pünktlich zu sein, doch Boss Bennet hatte dafür Verständnis.

Weihnachten machte mich traurig; ich dachte an Zuhause. In einer deutschen Zeitung hatte ich gelesen, dass sich viele Deutsche zum Weihnachtsfest in einem großen Saal im Norden der Stadt treffen wollen. Da wollte ich hin. Als ich eintrat, klang mir Deutsche Heimatmusik entgegen. Es gab deutsches Bier zu fünfzig Cent die Flasche. Die Stimmung war großartig, doch nach Deutschen musste man suchen. Die meisten Feiernden waren gebürtige Amerikaner. Was gefiel den Amis so an uns? Dass Bier? Die Frauen? Die Stimmung? Oder waren es familiäre Wurzeln, die noch eine Sehnsucht zur alten Welt verursachten? Ich fand es nie heraus.

Zum Jahreswechsel wusste ich nicht recht, wo ich hin sollte und entschied mich schließlich für einen deutsch-polnischen Maskenball. Es kostete allerlei Geld, doch ich war froh, als der Rummel beendet war.

Im Januar wurde es am Arbeitsplatz wieder ruhiger. Viele Saisonarbeiter wurden entlassen. Ich durfte bleiben. Jetzt wurde während der Arbeit noch mehr geraucht und erzählt. Monat um Monat ging dahin. Im Mai war ich ein Jahr lang in Chicago gewesen. Mein ursprünglicher Plan war, es dabei zu belassen – und als ob es eine Erinnerung daran war, stellte sich Heimweh nach Hamburg ein.

Amerika hatte mir sehr unterschiedliche Eindrücke geboten. Neben all den überraschenden Neuigkeiten, die ich aus der Seefahrt nicht kannte, gab es auch viel Armseligkeit, die nur von asiatischen Ländern übertroffen wurde. In Amerika gab es Leute, denen die Dollars quasi aus den Taschen quollen und solche, die zugedeckt mit einer Zeitung auf der Parkbank schliefen. Arm und reich waren immer ganz nah beieinander. Dieses so gelobte Land wollte ich nun wieder verlassen.

Ein Taxi brachte mich an einem sonnigen Maitag zur Busstation der Greyhound Line. Der Taxifahrer hielt mir bei Aussteigen die Tür auf und anschließend die offene Hand hin. Meine vier Koffern musste ich trotzdem allein schleppen. War mein Tip zu gering? Ich musste schließlich noch Kleingeld in der Tasche behalten, denn für jede kleine Gefälligkeit wurde einem in Amerika die offene Hand entgegengestreckt. In Pittsburgh hatten wir eine Stunde Aufenthalt, dann ging es weiter, um morgens ausgeschlafen in New York anzukommen.

Mein erstes Ziel war das YMCA Hoboken, um bei dieser christlichen Vereinigung für junge Männer ein Zimmer zu mieten. Dann gönnte ich mir ein gutes Frühstück, bevor ich mich auf die Suche nach dem deutschen Konsulat machte. Ich hatte Zeit genug, denn ich hatte meine Abmusterungspapiere vom dänischen Schiff um ein Jahr manipuliert – in diesem Sinne waren sie von gestern.

Im Konsulat waren sie sehr höflich und versprachen sich zu beeilen, denn ich hatte ihnen erzählt, dass ich schnellstmöglich nach Deutschland möchte, weil meine Mutter schwer erkrankt sei. Sie notierten die Telefonnummer des YMCA und versprachen: »Gehen Sie zurück in Ihr Hotel. Wir werden Sie sofort benachrichtigen, wenn wir etwas für Sie haben.«

Auf dem Rückweg zum christlichen Hotel machte ich einen Abstecher zum Empire State Building, um vom 86. Stockwerk des größten Gebäudes der Welt auf New York herunter zu blicken. Der Fahrstuhl kam mir wie ein Raketenstart vor, bei dem mir die Leber in die Schuhe zu rutschen schien. Dann lag mir die Stadt aus 320 Metern Höhe wie eine Spielzeugkiste zu Füßen. Ein erhabenes Gefühl erfüllte mich.

Als ich abends ins YMCA zurückkam, hatte die Rezeption schon eine Message für mich: Am nächsten Morgen sollte ich an der Pier um neun Uhr an Bord eines deutschen Schiffs gehen. Alles bestens!

Als ich am nächsten Morgen dem Taxifahrer mein letztes US-Kleingeld in die hingestreckte Hand steckte, muss er mich für Rockefeller gehalten haben. Erschrocken packte er zwei meiner Koffer und trug sie sogar die Gangway hinauf.

Der Kapitän nahm mich erst einmal unter die Lupe. Mir wurde allerlei erzählt, was ich an Bord durfte und was nicht. Arbeiten durfte ich nicht, weil ich keine entsprechende Versicherung hatte. Deutsche Gründlichkeit ist wie amerikanische.

Dann wurde mir eine leere Koje in einer Matrosenkabine zugewiesen. Als hilfsbedürftiger Matrose war ich Passagier zweiter Klasse. Dennoch steuerte ich einmal am Wochenende aus Langeweile das Schiff. Es war ein 8000-Tonner vom Norddeutschen Lloyd in Bremen.

Die Kabine, in der ich schlief, sah aus wie eine Brauerei. Die Decksmannschaft war eine enorm durstige Gruppe. Ich ließ mich nicht lumpen. Meine Brieftasche wurde immer dünner. Es wurde Zeit, dass wir Feuerschiff Elbe 1 erreichten. Von Cuxhaven wehte Fischgeruch herüber – und sechs Stunden später sah ich den Hamburger Michel.

Endlich wieder zu Hause! Mein Herz begann zu pochen.

Ein paar Formalitäten bei der Passkontrolle und beim Zoll waren noch zu überwinden, dann konnte ich mich nach 14tägiger Fahrt vom Schiff und von der Besatzung verabschieden. Am Zoll machte man Stielaugen über das, was ich in meinen Koffern mitgeschleppt hatte. Aber ich musste kaum etwas verzollen, lediglich für 200 Schallplatten sollte ich zwanzig D-Mark hinblättern, was ich auch gern tat.

Heimat-Urlaub

Zu Hause wurde ich mit Jubel empfangen. Endlich hatte Mutter ihren Sohn nach langer Zeit wieder in den Armen. Es stimmte: Zu Hause ist es immer am schönsten, da wurden Erinnerungen wieder lebendig, selbst wenn sich auch dort etwas verändert hatte.

Deutlicher waren die Veränderungen auf St. Pauli. Es gab neue Bars und neue Kinos. Nur die Wohnsituation hatte sich kaum verändert. Unser Haus war in Schräglage gekommen und musste abgestützt werden. Na ja, das war ich aus der Seefahrt gewohnt.

Viel Geld hatte ich nicht mit nach Hamburg gebracht. Darum musste ich mich gleich nach Arbeit umsehen. Irgendwie hatte ich von der Seefahrt die Nase gestrichen voll. Vielleicht wirkte das Versenden von Paketen bei Bennet noch nach – solide Arbeit mit Schlips und Kragen. Ich sah mich schon im Hamburger Hauptpostamt am Postschalter sitzen, Briefmarken verkaufen und wichtige Post abstempeln.

Meine Mutter bekam einen Schreikrampf, als ich ihr meinen Traumjob als Postbeamter schilderte.

Das schreckte mich überhaupt nicht ab. Ich zog meinen besten Anzug und ein weißes Hemd an, band einen Schlips um und klopfte beim Personalbüro des Postamtes an. Und als ich wieder herauskam, war ich angenommen. Hurra! Ich war im öffentlichen Dienst.

Dass die Laufbahn eines Postbeamten bedeutend komplizierter war, als ich es mir vorgestellt hatte, erfuhr ich an den nächsten Tagen. Meine Arbeit bestand zunächst daraus, alle Postwagons, die in Hamburg anrollten, auszuräumen. Zwei Dutzend weitere Posträumer waren meine Kollegen. Davon abgesehen, dass es solche Gelegenheiten gar nicht gab, uns wurde in aller Strenge klargemacht, dass eine sofortige Entlassung erfolgte, wenn wir auch nur eine einzige Kaffebohne essen würden, die aus einem Paket stammt.

Und nicht nur das: »Dafür würdet ihr Zuchthaus bekommen!«

So also war das. Tagaus, tagein müsste ich anderer Leute Geschenke und Handelsware schleppen, um irgendwann in späteren Jahren den Gipfel eines Schalterbeamten zu erlangen.

Drei Monate ertrug ich dieses Drama ohne eine Möglichkeit zu erkennen, auch nur die nächste Stufe meiner Postkarriere überhaupt zu erkennen. Wieder ging ich ins Personalbüro. Diesmal bat ich darum, dass man mir meine Papiere zurückgibt.

»Jetzt haben Sie sich so gut im Pakete-Stemmen eingearbeitet und wollen schon wieder weg?«, reizte mich der pensionsberechtigte Briefmarkenlecker mit ironischem Unterton. Ich beherrschte mich, meinen Abschieds-Handschlag nicht an anderer Stelle zu platzieren. Die bei der Einstellung ausgesprochene Zuchthausdrohung für irgendwelche Fehlverhalten hatte ich nicht als Scherz verstanden.

Jetzt blieb mir das Naheliegende: Ein Schiff suchen. Ich war nun mal keine Landratte.

Auf Tramptour nach Rotchina

Das nächste Angebot roch nach weiter Welt: Ein etwas betagter englischer Trampdampfer, der bald von Rotterdam nach Rotchina auslaufen sollte. Schon am nächsten Tag saß ich im Zug nach Rotterdam.

Es war einen andere Welt, als wir sechs Wochen später in Shanghai anlegten. An Bord wurde uns alle Wertgegenstände und noch mehr abgenommen und eingeschlossen. Auch alltäglich gebrauchte Gegenstände verschwanden in den Schränken. Das Radargerät wurde versiegelt. An der Gangway postierten sich schwer bewaffnete Soldaten. Das Schiff wurde bewacht, als hätten wir Gold geladen.

Wir Seeleute durften uns an Land nicht frei bewegen, alles geschah mit bewaffneter Begleitung. Zur Seemannsmission wurden wir mit einem separaten Bus gebracht und auch wieder zurück. Kontakt mit der Bevölkerung war nicht möglich. Die kamen uns ohnehin seltsam vor. Sie liefen mit weißen Binden vor dem Mund herum und wir rätselten, ob die Binden sie vor der schlechten Luft schützen sollten oder ob sie dahinter ihre schlechten Zähne verbargen.

Wir waren froh, als wir diesem roten China wieder das Heck zeigen konnten. Wir steuerten bei ruhiger See Australien an. Mein Eindruck vom australischen Kontinent beschränkte sich darauf, dass die Sonne brutaler vom Himmel brannte, je weiter wir nach Süden fuhren. Meine Hoffnung, Kängurus zu sehen, wurde nicht erfüllt. Eher nahm ich die Erkenntnis mit, dass man in diesem Erdteil statt Kaffee und Tee wohl Alkohol zu sich nimmt. Es gab kaum einen Australier, der nicht besoffen war. Aber das sind natürlich die unmaßgeblichen Beobachtungen, wenn man als Seemann vom ganzen Land nur ein paar Meter hinter der Hafenkante kennenlernt. Wir löschten nur China-Ware und pumpten Wasser in die Ballasttanks, um in stabiler Lage zum nächsten Ziel zu kommen.

Im ehemaligen Französisch-Indochina (heute Vietnam, Kambodscha usw.) zogen sich zu der Zeit – wir schrieben das Jahr 1956 – die französischen Kolonialisten mit ihren Fremdenlegionären zurück. In Saigon sollten wir Armee-Ausrüstungen an Bord nehmen, um sie nach Algier und Marseille zu bringen.

Etwa jeder dritte Fremdenlegionär war ein Deutscher. Es dauerte nicht lange, da war ich schon in deren Camp. Sie beneideten mich, weil ich in ein paar Wochen wieder in Deutschland sein könnte. Offen erzählten sie mir, wie sich die Situation zur Zeit für sie darstellte und rieten auch mir, nicht allein im Dunkeln durch Saigon zu gehen. Diese Warnung nahm ich ernst.

Grundsätzlich nahm ich eine Rikscha, und wenn es dunkel wurde, war ich auf dem Schiff.

Wir lagen vierzehn Tage in Saigon. Die zweite Woche musste ich nachts auf Bordwache gehen. Nachts wurde nicht gearbeitet. Meine Aufgabe war es, darauf zu achten, dass niemand über die Schiffstrosse an Bord kam. Keine unbefugte Person durfte das Schiff betreten.

Abgelenkt war ich oft dadurch, dass bezechte Matrosen es nicht allein über die Gangway schafften. Sie kamen immer mit dem Taxi, aber die letzten Meter waren die schwierigsten, zumal schlaffgesoffene Matrosen von 200 Pfund in diesem Zustand gefühlt das Doppelte wogen. Etwas Ruhe verschaffte mir der Bordhund. Er bellte und fletschte die Zähne, wenn sich jemand die Gangway herauf schlich.

Legionäre auf der Flucht

Eines Abends bekam ich gegen 22:00 Uhr unangemeldeten Besuch von zwei Fremdenlegionären. Es war ein Deutscher und ein Schweizer aus Bern. Sie hatten davon gehört, dass auf dem Schiff drei deutsche Besatzungsmitglieder sind, und ihr Gesicht erhellte sich glücklich, als sie mit mir gleich einen davon vor sich hatten. Es war nicht schwer für mich zu erraten, was diese beiden Buschkämpfer von mir wollten. An einer sichtgeschützten Stelle weihten sie mich in ihr Vorhaben ein: Sie hatten sich in den Kopf gesetzt, mit diesem Schiff Abschied von der Fremdenlegion zu nehmen. Dafür brauchten sie an Bord jemanden, dem sie vertrauen konnten. Und das sollte ich sein.

Ich holte tief Luft. Mit blinden Passagieren hatte ich es noch nie zu tun. Und desertierte Soldaten waren sicher die komplizierteste Sache dieser Art.

»Warum geht man überhaupt zur Fremdenlegion?«, wollte ich wissen.

Darauf hatten sie auch kaum eine Antwort. Irgendwie hatten sie sich die Sache anders und eher abenteuerlich vorgestellt. »Es war ein Fehler. Den können wir nur ausbügeln, wenn wir abhauen«, gestand einer von ihnen.

»Dies ist unser dritter Versuch«, sagte der anderer. »Wir geben nicht auf. Irgendwann klappt es. Andere haben es auch geschafft.«

Das erste Mal hatten sie sich auf einem Norweger versteckt, wurden aber schon im Hafen entdeckt und landeten hinter Gittern.

»Da sind wir ausgebrochen und zurück zum Hafen, diesmal auf ein amerikanisches Schiff«, erzählten sie.

Ein amerikanischer Maschinist wollte den armen Teufeln helfen. Sie sollten sich solange im Maschinendeck verstecken, bis das Schiff auf hoher See war. Alles lief planmäßig – bis zur Lotsenübergabe. Als der Lotse außerhalb des Hafengewässers von Bord geholt wurde, kamen mit dem Lotsenboot auch zwei Polizisten und begaben sich sofort in den Maschinenraum.

»Sie haben uns wie Viehzeug an Deck geschleppt und über Funk ein Marineschiff gerufen – und schon waren wir wieder hinter Gittern. Das konnte nur durch Verrat geschehen.«

Sie vermuteten, dass der Maschinist kalte Füße bekommen hatte und dem Kapitän Bericht erstattete. Der musste dann so handeln, wie er es getan hatte. Sein Risiko sei nun mal viel größer als das des Maschinisten.

»Ein paar Einheimische haben uns diesmal geholfen, wieder rauszukommen. Aber das ist ja keine Lösung, es wimmelt hier doch überall von Soldaten. Wer uns findet, kriegt eine Prämie. Zwei Tage sind wir schon in dieser Wildnis umhergeirrt. Dieses Schiff ist unsere große Hoffnung.«

Das war ja eine tolle Story, die mir die beiden da auftischten. Glaubten sie etwa, damit mein Mitleid zu erwecken? Ich blieb so cool ich konnte und hörte mir alles ganz ruhig an. Aber natürlich hatte ich gesehen, wie in ihren Gesichtern die Angst flackerte. Die Jungs waren fix und fertig – und ich konnte mir vorstellen, dass es ihnen hinter Gittern bedeutend schlechter ergehen würde, als ich es selbst in Amerika erlebt hatte. Beim dritten Mal glaubte man nicht mehr an Besserung. Da war die Todesstrafe die sauberste Lösung. Das wussten die beiden Deserteure ganz genau.

Ich auch, und deshalb hatte ich in meinem Inneren längst beschlossen, ihnen zu helfen.

»Sind wir ein Passagierschiff?«, fragte ich, um überhaupt etwas zu sagen. »Ich glaube nicht.«

Die beiden sagten nichts, sahen mich nur fragend an und ahnten vielleicht, was hinter meiner Stirn vor sich ging.

»Sollte etwas schiefgehen, müsst ihr mich aus dem Spiel total heraus lassen. Kann ich mich darauf verlassen?«

»Ehrenwort!«, beteuerten sie. Es blieb ihnen ja gar nichts anderes, als zuzustimmen.

Und ich glaubte ihnen einfach. Im Schiff war Nachtruhe, da gab es nichts Besseres zu tun, als ein paar Stunden schnarchend ins Land der Träume abzutauchen. Ich zeigte den beiden, wo sie duschen konnten, gab ihnen saubere Hosen und Hemden aus meinem Bestand und bereitete ihnen in unserer kleinen Mannschafts-Kombüse, wo jeder sein eigener Smutje sein konnte, etwas Essbares zu, das ich ihnen in meiner Kabine servierte. Sie waren ziemlich ausgehungert und hauten rein, dass ich beim Zugucken an eine Löwenfütterung bei Hagenbeck denken musste.

Klar war aber, dass sie nicht länger in meiner Kammer bleiben konnten. Wenn das jemand entdeckte, war ja sofort klar, dass ich sie an Bord geholt hatte.

Bis zur Abfahrt des Schiffes waren es noch zwei Tage. Bis wir so weit auf See waren, dass ein Umkehren nicht in Frage kam und ein Polizeischiff nicht mehr zuständig war, mussten die Deserteure an Bord absolut unsichtbar sein.

Beim Grübeln fiel mir eine leere Kartoffelkiste an Deck des Achterschiffs ein. Die war groß genug, um zwei Männern reichlich Platz zu geben. Nachts könnten sie sich vielleicht an Deck einmal die Füße vertreten und tagsüber schlafen. Als die Soldaten in die Kiste stiegen, dachte ich, so was könnte man mir nicht anbieten. Sie aber waren froh, sich so verkriechen zu können. Ich wischte mir meine Mitleidsgefühle aus dem Kopf, die Jungs waren schließlich auf der Flucht vor der Hinrichtung.

Als alles geregelt war, nahm ich wieder meinen Posten als Wachmann an der Gangway ein und betete, dass keine weiteren Soldaten um Asyl bitten würden. Schlimm genug, dass ich die zwei jetzt ganz allein zu versorgen hatte. Auf keinen Fall wollte ich irgend jemand in diesen Coup einweihen.

Unsere Besatzung bestand aus drei Deutschen und im Übrigen aus Griechen, Arabern und Engländern. Konnte ich jemandem trauen? Lieber nicht, das Risiko war viel zu groß. Wer sich auf andere verlässt, der ist verlassen. Nur was man selber tut, hat man auch im Griff. Mit solchen Sprüchen versuchte ich, mir mein Selbstvertrauen zu stärken, während ich mir gegen drei Uhr nachts in der Crew-Pantry ein Wurstbrot zubereitete.

Plötzlich bellte der Schiffsköter. Hatte er mein Wurstbrot gerochen? Dann Getrampel auf der Gangway. Hatte man um diese Zeit noch betrunkene Seeleute auf die Pier gebracht? Die waren doch schon kurz nach Mitternacht eingetroffen. Ich rannte zur Gangway, um nach dem Rechten zu sehen – und stoppte vor Schreck …

Wohl ein Dutzend bewaffnete Indochinesen stiefelten die Gangway hinauf, zwei standen bereits breitbeinig an Deck. Sie hatten ihre Maschinenpistolen von der Schulter gezogen und hielten sich damit den Bordköter vom Körper. War das die Militärpolizei oder ein Überfall?

Vorsorglich pfiff ich den kläffenden Hund zurück, der mich offenbar falsch verstanden hatte und mir das Wurstbrot aus der Hand schnappte, das ich in meiner Aufregung mit an Deck genommen hatte.

Von der Gangway kamen weitere Chinesen an Deck und zogen ebenfalls ihre Waffen von der Schulter. Mir war schlagartig klar, dass mein. 22-jähriges Leben in Gefahr war. Keine Chance zum Weglaufen!

»Hol den Kapitän!«, befahl mir der Anführer der Bande.

»Er schläft und will nicht gestört werden. Worum geht es denn? Es ist alles ruhig hier, ich bin der Wachmann«, versuchte ich, meine Aufregung zu unterdrücken.

Halb englisch, halb asiatisch und mit Händen und Füßen erklärte der Rottenführer das Anliegen der Gruppe. Ich hörte schnell heraus, dass es um vermisste Fremdenlegionäre ging.

Meine kurze Versicherung »Hier nix. Alles nur Bordpeople«, war ihm nicht genug.

Er machte unmissverständlich deutlich, dass sie das Schiff durchsuchen mussten – und fingen auch gleich damit an.

In meinem Kopf schwirrten Gedanken und das ohnmächtige Gefühl, dass sie die beiden Flüchtlinge in der Kartoffelkiste finden würden. Irgendwie zog es mich hinterher, als zwei Schnüffler Richtung Achterschiff gingen. Sie schauten in jede Ecke, hoben jede Plane und waren schon zwei Mal an der großen Kartoffelkiste vorbei gegangen. Das konnte nicht lange gut gehen. Und tatsächlich ging einer der beiden zurück und hob den Deckel der Kartoffelkiste an.

Zum zweiten Mal an diesem Morgen blieb mein Herz stehen. Einer der Polizisten hatte seine MP im Anschlag, der andere leuchtete mit einer Taschenlampe in die Kiste.

Er wandte sich an mich und erwartete eine Erklärung, weshalb da zwei Männer in der Kiste lagen.

Irgendwie war mir ein heiliger Blitz durchs Hirn geschossen. »Gluck-gluck«, sagte ich, hob ein imaginäres Glas zum Mund und erklärte ihnen so gut ich konnte, dass die beiden Matrosen vor gut einer Stunde sturzbesoffen und grölend an Bord gekommen waren. Die sollten in der Kiste nun ihren Rausch ausschlafen, statt das ganze Schiff zu wecken.

Der Chinese grinste. »Lass sie schlafen«, sagte er und ließ knallend den Deckel fallen – das übertönte den Aufschlag des Steins, der mir vom Herzen fiel.

An der Gangway warteten bereits einige Polizisten und warteten auf ihre Kollegen. Der Bordhund hatte sie knurrend im Blick. »Gib ihm noch eine Wurst, damit er uns nicht frisst«, befahl mir einer und ich ahnte, dass das soviel hieß wie: »Wenn er beißt, erschießen wir ihn!«

Ich lief zur Pantry und holte mit der Wurst auch für jeden eine Schachtel Camel. Sie sind doch allesamt selber Kamele, dachte ich, während sie die Zigaretten dankbar annahmen.

So hatte der halbstündige Spuk einen beinahe freundschaftlichen Abschluss. Mir aber war der Schreck heftig in die Knochen gefahren. Zum Glück war es dunkel, so dass die Gesetzeshüter nicht sehen konnten, wie blass ich geworden war. Eine Tasse starker Kaffee brachte mich ins richtige Leben zurück. Ich atmete auf. Die Horde war weg, die Luft wieder rein – und ich ging zur Kartoffelkiste.

Meine Deserteure waren noch immer halb tot vor Schreck. Als sich der Decke hob und der Strahl der Taschenlampe ihre Körper abtastete, waren sie in ihrer Todesangst derart in Schockstarre gefallen, dass meine Story von besoffenen Matrosen gut ins Bild passte, zumal auch die Matrosenkleidung bewies, dass sie zum Schiff gehörten.

Dennoch war klar: Ich musste ein besseres Versteck finden. Was wäre denn, wenn bei den Chinesen doch noch der Groschen fiel und sie zurück kämen, um die Kartoffelbehausung abermals in Augenschein zu nehmen?

Auf einem Frachtschiff ist es nicht so einfach. Ein Lagerraum ist nicht für den Aufenthalt von Menschen gemacht. Da unser Schiff mit Armeegütern wie Panzerwagen, Brückenteilen, Spähtrupp-Fahrzeugen und Kisten vollgestopft war, gab es zwar Platz zwischen den Geräten, aber weder Tageslicht noch Wasser, es fehlt eine Toilette und auch die frische Luft, denn auf See gibt es keinen Grund, die Laderäume zu belüften. Ich grübelte, wie es trotzdem klappen könnte. Die Kabinen der Besatzung waren im Heckbereich. Ich wollte die zwei in Luke 5 verstecken. Von dort aus war es nicht weit zu meiner Kabine. Das war günstig für die Versorgung über eine vierwöchige Seereise.

Als es »Leinen los!« hieß, war der Stress im Hafen vorüber. Eine weitere Durchsuchung hatte es nicht gegeben. Als auf See der Lotse das Schiff verließ, war alles klar für die Fahrt nach Aden im Land Jemen, wo wir Öl für die Maschine bunkern wollten.

Gleich in der ersten Nacht auf See besuchte ich meine Schützlinge. Wir hatten ein unauffälliges Klopfzeichen abgemacht, damit sie immer wussten, dass ich es war, der die Luke betrat. Während sie im Hafen noch in der untersten Luke kauerten, sollten sie jetzt das »Rattenloch« verlassen. Auf dem Zwischendeck waren Armeefahrzeuge untergebracht, zu deren Ausrüstung auch Feldbetten gehörten, auf denen die Flüchtlinge bequemer schlafen konnten, als sie es aus ihren letzten Tagen gewohnt waren. Aber Schlafen ist nicht alles, und so hielten wir erst einmal eine Krisensitzung ab.

Als Nummer Eins der Sicherheitsmaßnahmen galt immer noch: Niemand durfte erfahren, was sich in Luke fünf abspielte. Nie durften sie sich an Deck zeigen, denn viele Seeleute schliefen nachts auf dem Deck, weil es in ihren Kammern zu heiß war.

Für Essen und Trinken wollte ich allein sorgen. Ab und zu wollte ich ihnen auch eine Zigarette gönnen, obwohl das Rauchen in den Luken streng verboten war. Es war nicht immer einfach, am Abend für zwei nicht sichtbare Personen Essen zur Seite zu schaffen, das ich dann während meiner Seewache heimlich zu den hungrigen Geflüchteten bringen musste.

Wir wussten, was passiert, wenn die Sache auffliegt: Der Kapitän ruft dann über Funk ein französisches Schiff. Es erfolgt die Übergabe der Deserteure – und ab mit ihnen auf die Sträflingsinsel Monte Christo. Freizeit adé bis in die Ewigkeit. Dafür konnte nichts vorsichtig genug angestellt werden.

Ich hatte meinen Lukenbewohnern einen Zehn-Liter-Steinkrug voll Wasser gegeben, damit sie nicht dursten mussten, wenn ich einmal verhindert war. Auch mit Proviant hatte ich sie soweit eingedeckt, dass es auch bei Unregelmäßigkeiten durch verschobene Dienstzeiten oder Unvorhergesehenes keine Probleme gab. Das trat auch ein, denn ein paar Seeleute hatten sich zur Gewohnheit gemacht, genau vor der

Lukentür zu schlafen, die mein Zugang zu den Geflüchteten war. Wenigstens haben sie genug Wasser, sagte ich mir. Erst in der dritten Nacht konnte ich wieder zu ihnen hinuntersteigen. Auf mein Eintrittsklopfen fielen mir die beiden hilfesuchend entgegen und stammelten: »Wasser, Wasser, Wasser…«

Das war geschehen: In der Dunkelheit war den beiden der Wasserkrug umgestürzt und zerbrochen. So hatten sie in der Hitze von 40 bis 50 Grad kein Trinkwasser. Es blieb ihnen nur das rostige Kondenswasser aus den Winschen. Auch auf Frischluft mussten sie verzichten. Wie konnte ich das ahnen? Und sie konnten in dieser Not auch nicht aus der Luke. Mir ging diese Situation selbst im Schlaf nicht aus dem Kopf. Ich träumte, dass wir beim Löschen der Armeegeräte auch zwei Leichen ans Licht beförderten.

Nach einer Woche nahm ich mir vor, den deutschen Bootsmann in die Sache einzuweihen. Er war ein guter Kumpel; ich wusste keinen anderen an Bord, dem ich mehr vertrauen konnte.

Während ich ihm beichtete, auf was ich mich eingelassen hatte, fielen ihm fast die Augen aus dem Kopf.

»Bist du verrückt!«, fauchte er mich an. »Du bringst dich ja um Kopf und Kragen.«

Schuldbewusst sah ich zu Boden und flüsterte: »Ja, – und jetzt auch noch dich. Aber wir können die beiden doch nicht verrecken lassen.«

Plötzlich war er wie ausgewechselt, legte seine Hände auf meine Schultern und schüttelte mich in freundschaftlicher Art. »Gut, dass du mir das erzählt hast. Gemeinsam werden wir es schaffen.«

Es fühlte sich an wie Weihnachten. Als mir ein paar Tränen über die Wangen liefen, drehte sich der Bootsmann um, ging Richtung Vorschiff und murmelte etwas, dass wir später noch einmal genauer darüber reden müssten.

Zu zweit schien alles viel besser zu laufen. Der Bootsmann konnte aus seiner Messe auch etwas Proviant zur Seite schaffen, und wenn ich nicht in die Luke eintauchen konnte, versuchte er es zu einer anderen Zeit. Wir hatten die Jungs in der Luke jetzt gut im Griff und waren sicher, dass unser Verhalten für niemanden ungewöhnlich erschien.

Aber das Risiko lag nicht allein bei uns. Am zehnten Tag der Reise bekam der Schweizer einen eitrigen Hautausschlag. Kein Wunder bei der schlechten Luft in der Luke und ohne Möglichkeiten, sich zu waschen. Der Bootsmann hatte eine Tube Sonnencreme, doch das gab keine Besserung. Der Ausschlag schmerzte und es kam Fieber hinzu.

»Wir könnten dem Kapitän berichten, dass wir zwei Legionäre an Bord entdeckt hätten, dann bekommst du eine Bordbehandlung«, schlug ich dem Schweizer vor.

»Nein!«, wehrte er ab. »Lieber verrecke ich hier, als noch einmal festgenommen zu werden.« Auch wollte er seinen Freund nicht gefährden, dem damit doch das gleiche Schicksal drohte.

So wurden der Bootsmann und ich zu Notsanitätern. Wir schafften eine große Schüssel und Wasser herbei und halfen im Schein einer Taschenlampe bei der Reinigung des kranken Körpers. Wir durchsuchten die Militärfahrzeuge und fanden einen Notverbandskasten. So konnte sich der Schweizer mit Binden einwickeln. Nach ein paar Tagen ließ das Fieber nach. Der Ausschlag hatte seinen Höhepunkt erreicht und wurde weniger. Wir waren erleichtert.

Beunruhigend war jedoch zu erfahren, dass an Bord auch ein französischer Offizier war, der dafür verantwortlich war, dass die Armeebestände wohlbehalten nach Marseille kommen. Nicht auszudenken, was passieren würde, wenn er wüsste, was sich im Laderaum abspielte. Ich hätte es den Jungs nicht erzählen dürfen – sie bekamen sogleich das große Zittern. Ich beruhigte sie mit Zigaretten. Sie verpafften nun das doppelte Quantum.

Wir brauchten knapp dreißig Tage von Saigon bis Aden. Dort gingen wir auf Reede vor Anker und übernahmen Trinkwasser und Bunkeröl. Ein Reedereiagent brachte unsere Post an Bord. Der Aufenthalt ohne Landgang war nur von kurzer Dauer.

Während der Fahrt durch das Rote Meer erlebten wir die heißesten Tage während der ganzen Reise. Das ganze Schiff war aufgeheizt und meine Schützlinge in Luke 5 hatten sich ihre Kleidung vom Körper gerissen. Sie kochten förmlich in der Sauna.

Als ich eines nachts zu ihnen ins Zwischendeck herunterstieg, hörte ich im oberen Laderaum ein mir bisher unbekanntes Geräusch. Zuerst dachte ich, es seien Ratten, die durch die als Rammschutz eingefügten Strohballen flitzten. Doch das Geräusch war lauter. Ich leuchtete mit der Taschenlampe hinein und der Schein fiel auf drei dunkle Gestalten. Drei Schwarze aus Aden. Das konnte nicht gut gehen!

So schnell ich konnte lief ich zum Kapitän, um Meldung zu erstatten. Sogleich wurde ein Stoßtrupp aus den kräftigsten Seeleuten zusammengetrommelt, um die Luke zu stürmen. Ich stellte mir gerade vor, dass das die Situation für die Legionäre noch verschlimmern würde –, doch da kamen uns die drei Schwarzen schon entgegen, offenbar hatten sie erkannt, dass das die schmerzloseste Weise war.

»Wir wollten auf diesem Schiff nach einem Job fragen«, erklärten sie ergeben, als der Kapitän fragte, was es auf sich hatte, dass sie auf illegale Weise auf das Schiff gekommen sind.

»Wir haben keine freien Jobs«, sagte der Kapitän und nur noch ein Wort mehr: »Basta.«

Eine Rücktour mit den Jammerlappen kam nicht in Frage. Der Kapitän besprach sich mit dem Zweiten. Bis wir den Suez-Kanal erreichten, sollten sich die Schwarzen an Deck des Vorschiffs so aufhalten, dass sie von der Brücke aus im Blick blieben. In Suez sollte die Polizei benachrichtigt werden. Es war ihnen gestattet, über Bord zu springen; für den Kapitän wäre das die einfachste Lösung. Doch diesen Sprung in eine zweifelhafte Freiheit wollte keiner wagen.

Die vom Kapitän verhängte Strafe: Es gab weder Essen noch etwas zu trinken. Eine Nacht und einen Tag mussten die drei auf dem Vorschiff hocken. Am Nachmittag kam dann die Wende.

Ich hatte Wache und stand am Steuerrad. Außer ein paar Tankern und Frachtschiffen war im Roten Meer nichts zu sehen. So schaute ich von meinem Kompass dann und wann auch mal bis zum Horizont. Dort tauchte ein kleines Schiff auf, das uns entgegen kam. Es war ein Fischkutter, wie ich ihn von der Heringsfischerei auf der Nordsee kannte, nach zwanzig Minuten kam er mit uns auf gleiche Höhe. Was der hier wohl fischen will, dachte ich. Jedenfalls musste ich ihn im Auge behalten, weil er recht dicht an uns herankam.

Dann sah ich, dass eine Frau im Bikini am Vormast eine Flagge mit gekreuzten roten Diagonalen herauf- und herunter zog.

»Auf dem Kutter stimmt was nicht!«, meldete ich dem wachhabenden Offizier.

»Ein Notzeichen. Die brauchen Hilfe«, analysierte er und rief den Kapitän auf die Brücke.

»Vielleicht ist dort eine Frau zuviel an Bord«, scherzte der Kapitän, dessen schottischer Humor uns oft zum Lachen brachte. Dann aber gab es klare Order: »Maschine stopp! Ruder hart Backbord!«

Jetzt hatte ich meinen Einsatz und legte das Ruder auf hart Backbord. Alles, was auf Wache war, lief an Deck. Warum stoppte das Schiff mitten auf See. Alle waren gespannt, was mit dem Kutter passierte, der langsam an uns herantuckerte. An Deck war eine gemischte Besatzung in Schwarz und Weiß. Wir warfen Leinen hinüber, mit denen sie sich festmachen konnten. Über ein Fallreep kam der Kutterkapitän an Bord und wir erfuhren, was ihnen passiert war:

Der Kapitän war ein Deutscher, der mit seiner Frau und einer 14-jähriger Tochter auf abenteuerlicher Fahrt in den persischen Golf war, wo sie nach Perlen tauchen wollten. Ihr Kutter hatte reichlich Segel an Bord, doch im Roten Meer fehlte ihnen der Wind und der Diesel war fast auf den letzten Liter verbraucht. Sie trieben bereits drei Wochen im Roten Meer – und so war auch der Proviant zur Neige gegangen. Wir staunten über soviel seemännische Unvernunft und stellten uns vor, wie es dort wohl an Bord aussah.

Wir Seeleute sammelten Zigaretten, Dosenmilch, Marmelade und Brot zusammen und unser Schiffssteward gab noch allerlei Schiffsproviant heraus. Unser Maschinist brachte mit dem kleinen Ladebaum bei absoluter Flaute vier Fässer Diesel auf den Kutter. Damit konnten die Abenteurer es bis Aden schaffen.

Der deutsche Kutterkäptn bedankte sich und wollte unsere Leistung sofort in bar bezahlen. Unser Kapitän hatte dafür eine andere Idee: Sie sollten unsere drei Schwarzen mit an Bord nehmen und sie in Aden der Behörde übergeben. Der Deutsche verstand das als ein großzügiges Angebot und willigte sofort ein.

Die drei Schwarzen waren überhaupt nicht damit einverstanden. Sie wussten wohl, was sie in Aden erwartete. Vielleicht waren sie dort gesuchte Verbrecher. Jedenfalls weigerten sie sich, unser Schiff freiwillig zu verlassen. Wir aber hatten eine drohende Position eingenommen, vollführten vor ihnen unter lautem Geschrei eine Art Woodoo-Tanz und propellerten mit dicken Tauenden. Das schüchterte sie derart ein, dass sie sich sogar sicherer fühlten, als sie übers Fallreep den Kutter erreicht hatten. Beide Kapitäne konnten sich vor Lachen kaum auf den Beinen halten. Unser Kapitän ließ seinen schottischen Humor raus und rief zum Kutter rüber: »Wenn die drei Schwierigkeiten machen, werft sie einfach über Bord. Die Haie haben auch Hunger.«

Die drei winselten und bettelten um ihr Leben, und das sollten sie auch gern behalten. Unser Kapitän aber wollte ein Problem loswerden, vor dem er sich fürchtete: Wenn die Kanalbehörde uns die drei nicht abnehmen würde, wären sie an Bord geblieben. Ohne Papiere konnte ihre Identität nicht nachgewiesen werden, dann galten sie als staatenlos, niemand musste sie aufnehmen. Es gibt Schiffe, die mit solchen blinden Passagieren an Bord jahrelang um die Welt reisen. Manchmal werden sie zu billigen Arbeitern, doch immer sind sie unerwünscht.

Wir holten unsere Leinen wieder ein und ließen den Kutter seines Weges ziehen. Unsere Maschinen gingen wieder auf volle Fahrt voraus. Das Ruder stand wieder mittschiffs und ich hielt meinen Kurs. Noch lange wurde an Bord über diese ungewöhnliche Übergabe diskutiert. Wie es in Aden ausgegangen ist, haben wir nie erfahren.

*

Als ich nachts wieder zu meinen Fluchtsoldaten in die Luke schlich, standen die beiden noch unter Scheck. Sie glaubten, dass sie entdeckt seien und dass das Stoppen des Schiffs ihnen galt. Ich erzählte ihnen, dass es fast dazu gekommen wäre. Hätten die Schwarzen aus dem Raum unter ihnen Stimmen gehört, hätten sie bei ihrem Verhör sicher versucht, mit ihrem Wissen die eigene Haut zu retten.

Glück gehabt! Es wäre schade gewesen, wenn die wochenlange Mühe in den letzten drei Tagen geplatzt wäre.

Meine beiden Schützlinge sahen inzwischen aus wie australische Buschmänner, ungewaschen, unrasiert und langhaarig. Meine »Passagierluke« hatte nun einmal keine Sterne. Jetzt lief der Countdown. In drei Tagen sollten sie über Bord springen.

In der Nacht, bevor wir den Suez-Kanal erreichten, hatte ich die beiden aus der Luke geholt, um sie wieder in der leeren Kartoffelkiste zu verstecken. Von dort konnten sie dann gut in den Kanal springen.

Kaum hatte ich die beiden in der Kartoffelkiste untergebracht, da wurde die Luke abgeschlossen und versiegelt. Von dieser Zollvorschrift wusste ich nichts. Manchmal hilft der Zufall.

Sie waren also nicht erstickt. Aber die Flucht war noch nicht beendet. Sie saßen in der Kartoffelkiste und hatten von mir nichts weiter bekommen als eine Dose Zigaretten als »Lungenproviant«.

Vor der Kanaleinfahrt mussten wir sechzehn Stunden stoppen, bis sich ein Konvoi angesammelt hatte. Der Kanal wurde stets mit mehreren Schiffen in gleicher Richtung durchfahren. Ziemlich langsam kam der Konvoi schließlich in Bewegung, unser Schiff mag ungefähr die Mitte gewesen sein.

Als weit voraus die Stadt Suez sichtbar wurde, ging ich noch einmal zu meinen Legionären, um mich zu verabschieden. Es war Tag und sie mussten dabei in der Kiste bleiben.

Ich hatte noch ein paar Warnungen: »Wenn ihr von Bord springt, müsst ihr euch weit abstoßen. Das Schiff ragt weit aus dem Wasser und hinten ist die Schraube. Wir machen zwar wenig Fahrt, aber gefährlich ist sie trotzdem.«

Ich erwähnte nicht, dass schon viele Legionäre bei der Flucht von einem Schiff in den Sog der Schraube geraten waren, die sie so leicht in Stücke schnitt, wie ein Messer durch Butter geht.

Vielleicht hatten sie schon selbst davon gehört, denn sie lachten und der Deutsche sagte: »Wir werden einen Kopfsprung machen und wie Torpedos in Richtung Ufer schwimmen. Wir haben unsere eigene Olympiade – es geht um die Goldmedaille!«

Es war Mittag und die Sonne glühte wie ein Ofen über uns, als wir die engste Stelle des Kanals in Suez passierten. Zum Glück stand ich nicht am Ruder, um die Kommandos des Lotsen auszuführen. Aber mein Platz neben der Kartoffelkiste bereitete mir nicht minder Herzklopfen. Ich versuchte, den Gedanken aus meinem Hirn zu verscheuchen, dass die beiden zu kurz springen könnten oder von der kraftraubenden Tortur auf dem Schiff geschwächt vor meinen Augen ertrinken würden.

Der Zeitpunkt des Springens war gekommen. Ich klopfte das vereinbarte Zeichen und öffnete den Deckel der Kartoffelkiste.

Zum Vorschein kamen zwei bärtige Gestalten, die aussahen, als wären sie einem Grab entstiegen. Mir schlotterten die Knie mehr als ihnen. Mit einem Scherz versuchte ich meine Furcht zu übertünchen: »Das Bad habt ihr beiden wirklich nötig!«

Sie sagten nur: »Danke für alles!« Dann gaben sie mir noch einen Schlag auf die Schulter, der mich fühlen ließ, dass doch noch Kraft in ihnen steckte.

Und schon sprangen sie von Bord!

Es waren wirklich olympiareife Kopfsprünge. Sie tauchten gleichzeitig ins Wasser ein und zur gleichen Zeit wieder auf, um mit kräftigen Zügen zum Ufer zu gelangen. Auf unserem Schiff hatte niemand etwas bemerkt, es driftete mit geringster Maschinenkraft durch das Nadelöhr des Kanals. So konnte ich noch sehen, dass weit hinter uns zwei Männer aus dem Wasser gezogen wurden. Es sah nach freundschaftlicher Hilfe aus. Sie waren in Freiheit.

Auch noch aus seinem italienischen Exil sorgte der gestürzte König Faruk dafür, dass geflüchtete Legionäre heil in ihr Heimatland gelangten. Er war den Franzosen dafür ein Dorn im Auge; mich hatte er in diesem Augenblick als Freund gewonnen.

Unverhofft kam der Bootsmann zu mir. Er hatte die Kopfsprünge von einer anderen Position aus mit angesehen. Spontan umarmten wir uns und klopften und gegenseitig auf die Schultern. »Sie sind gerettet!«

»Vielleicht lassen sie ja mal wissen, wie es ihnen ergangen ist«, meinte ich. »Ich habe ihnen einen Zettel mit meiner Familienadresse in Hamburg zugesteckt.«

»Der treibt jetzt wohl im Kanal«, meinte der Bootsmann.

Mag sein, dass der Bootsmann recht hatte. Und wer weiß, ob das so am besten war. Denn die Beihilfe zur Flucht hätte mich auch noch danach in den Knast von Marseille bringen können.

*

Zwei Jahre später kam ich auf einer Arbeitsstelle im Hamburger Hafen mit einem jungen Mann ins Gespräch über die französische Fremdenlegion. Und wie es der Zufall wollte: Ihm war es gelungen, die Legion zu verlassen und kam in ein ägyptisches Auffanglager. Als ich ihm von meinem Abenteuer mit den Geflüchteten erzählte, vertiefte sich unser Gespräch – und schließlich nannte er mir die Namen meiner Schützlinge. Sogar den Namen meines Schiffes wusste er: es war die »Haverton Hill«. Meine Passagiere aus Luke 5 waren nach zwei Wochen Aufenthalt in Ägypten in ihre Heimat geflogen. Diese Nachricht machte mich glücklich. Alles hatte sich zum Guten gewendet.

Große Fahrt nach Kanada

Wenn ich nach langer Tour über die Meere zurück in Hamburg war, kam mir erst einmal die Idee, mit der Seefahrt aufzuhören. Ich probierte Arbeit an Land aus oder machte mal kleine Touren auf wechselnden Schiffen. Doch ich wohnte dicht am Hafen und saß gern an der Elbe, wo die dicken Pötte ankamen und ausliefen. Dann zog es mich wieder hinaus in die weite Welt mit ihren Häfen, in denen auch hübsche Mädchen auf mich warteten. Zuletzt hatte ich mich in Rotterdam in Nelly verliebt. Wir schworen uns Treue bis in die Ewigkeit und fieberten dem nächsten Treffen entgegen.

Ich gab eine gut bezahlte Landratten-Stellung auf, um wieder zur See zu fahren. Bei Reederei Reith heuerte ich auf dem deutschen 10000-Tonnen-Tramdampfer »Vogesen« an, der in drei Tagen nach einer kleinen Reparatur in der Werft Blohm & Voss mit Kapitän Ellermann auslaufen sollte. Soviel stand bereits fest: In Rotterdam würde er mit seiner Zementladung nicht anlegen.

Das letzte Wochenende in Hamburg nutzte ich, um mit Bruder Rolf zum Frühschoppen in unsere Stammkneipe auf St. Pauli zu gehen. Meine Mutter hatte einen Spähtrupp ausgesandt, weil sie ein gemeinsames Mittagessen vorbereitet hatte. Es war kein Geheimnis, wo wir steckten, so war das Essen etwas später, aber noch nicht kalt. Ein Donnerwetter der Hausfrau war trotzdem fällig.

An diesem sonnigen Septembernachmittag ging ich noch einmal zurück in die Stammkneipe. Wie lange würde es dauern, bis ich wieder ein frisches Bier in einer lebhaften Hamburger Kneipe trinken kann?

In der Kneipe saß Elke allein am Tisch und blätterte gelangweilt in einer Zeitung. Eine süße kleine Hamburgerin mit langen blonden Haaren, blauen Augen und einem roten Kirschenmund. Ich schlenderte an ihr vorbei zur Musikbox. Unsere Blicke trafen sich. Es war eine zärtliche Traurigkeit in ihrem Blick. Mir war, als ob sie ein S.O.S. funkten.

Der zweite Blick dauerte länger und drang tiefer in uns hinein. Sie wurde verlegen – aber das war eine Einladung, mich an ihren Tisch zu setzen. Sie war zwanzig und erzählte, dass es ihr im Job nicht gefiel, sie suchte etwas Interessanteres. Nach einer Stunde bezahlte ich unsere Getränke und wir schlenderten durch den lauen Abend von St. Pauli bis hinunter zu den Landungsbrücken.

Am Elbtunnel kam mir in den Sinn, ihr das Schiff zu zeigen, mit dem ich mich für lange Zeit von Hamburg verabschieden musste.

»Und von mir«, sagte Elke traurig.

Auch mir war flau dabei, meine neue Liebe so schnell für lange zu verlassen. »Aber wenn du das Schiff siehst, dann kannst du dir besser vorstellen, wo ich irgendwo auf der Welt bin. Ich werde dir aus jedem Hafen eine Postkarte schicken«, versprach ich.

»Einen Brief bitte«, sagte sie, »eine Postkarte ist ja nur ein Gruß.«

»Du bekommst Briefe voller Küsse!«, versicherte ich ihr und gab ihr eine Probe, an die sie sich dann erinnern sollte.

Ein Taxi brachte uns direkt zum Schiff. Mein künftiger Kombüsenkollege hatte die gleiche Idee und war schon mit seiner Verlobten an Bord. Mit Harry und Karin wurde aus unserem Zusammentreffen schnell eine kleine Bordparty und bald waren wir ziemlich angeheitert. Die Mädchen kicherten und wollten die Nacht über an Bord bleiben.

Am Montag, dem 17. September 1956, um 17:00 Uhr, sollte die »Vogesen« in Richtung Montreal auslaufen. Für die Besucher bedeutete es, dass sie das Schiff eine Stunde vorher verlassen mussten. Jedem und jeder von uns viel der Abschied schwer.

»Nehmt uns doch einfach mit!«, schlugen Elke und Karin allen Ernstes vor.

»Das ist nicht gestattet und ein großes Risiko«, waren wir Männer uns in Kenntnis der seemännischen Regeln einig.

»Aber das merkt doch niemand, wenn wir uns ein bisschen unsichtbar machen!«, waren sich unsere Mädchen sicher und jammerten uns mit weiblichen Argumenten die Ohren voll.

Wir setzten uns in der Kammer zusammen und sprachen die Sache detailliert durch. Wir Männer zeigten das Risiko auf und machten klar, dass so etwas sehr genau geplant werden muss und nicht als fixe Idee durchgeführt werden kann. Die jungen Frauen hatten eine romantischere Idee, besonders für mehr Kuscheligkeit in den Kojen.

Ich weiß nicht mehr, wie es zustande kam, aber eine Stunde vor der Abfahrt waren die Mädels in den recht großen Schränken und unsere Kajütentür stand weit offen.

Auf den fragenden Blick des 2. Offiziers war es eigentlich gar nicht notwendig, es noch zu bestätigen: »Alle Mädels sind an Land.«

Und wir hatten nun zwei bilde Passagiere an Bord, die zunächst fünf Stunden im Schrank aushalten mussten, denn wir wollten sie nicht herauslassen, bevor der Lotse das Schiff verlassen hatte. Als wir sie auf der Nordsee aus ihrem Verließ herausholen wollten, schliefen sie beide in Hockstellung. Zum Glück schnarchte keine der beiden.

Von jetzt an mussten Harry und ich streng darauf achten, dass die Mädels sich nicht verrieten. Das war nicht einfach. Erstens durften sie die Kammer nie verlassen, zweitens durften sie sich nicht laut unterhalten und schon gar nicht kichernd lachen.

Wir Männer mussten für Essen und Getränke sorgen. Auch mussten wir Wasser zum Waschen in die Kammer bringen. Ein Eimer sollte als Toilette dienen. Alles nicht einfach, aber die Fräuleins fügten sich unseren Anordnungen. Sie wollten ja unbedingt mit uns nach Kanada fahren. Nun mussten sie die Fahrt von einer Art Gefängnis aus genießen.

Unsere Kammertür sollte immer zugeschlossen bleiben. Niemand sollte mit kurzem Anklopfer in die Tür kommen.

»Was sind das denn für Sitten?«, fragte man uns andere der Crew. »Seid ihr etwas Besseres?«

»Das Schloss hat eine Macke«, erklärte ich. »Schon bei wenig Seegang springt dauernd die Tür auf.«

Das hatte man akzeptiert, ohne es gleich reparieren zu wollen. Die Wache weckte uns durch Klopfen an der Tür – und zwei Männerstimmen bestätigten mit »Moin-Moin!«, dass sie verstanden hatten.

Die Frauen mit Essen zu versorgen, war etwas schwieriger. Es musste doch misstrauisch machen, uns mit Essensportionen in die Kammer huschen zu sehen. An der Essenausgabe sagten wir, dass wir die Portionen für die Wache brauchten. Das glaubte man uns auch.

Fünf Tage lang war alles gut gegangen. Der sechste Tag aber war der Tag der Entdeckung. Für uns brach jetzt alles zusammen. Und das kam so:

Zwölf zahlende Passagiere waren die Besonderheit unseres Frachtschiffs. Sie sollten es gut bei uns haben und hatten auf dem Bootsdeck ihre persönlichen Liegestühle, auf denen jeden Morgen eine flauschige weiße Wolldecke lag. Eines Tages fehlte eine dieser Decken.

Der Steward machte einen Höllenlärm: »Erzählt mit nicht, dass der Wind die Decke von Bord geweht hat!«, donnerte er in der Messe. »Wenn sie nicht bis elf Uhr zurückgekommen ist, melde ich es dem Kapitän. Und nach dem Mittag werden wir die Kammern durchsuchen.«

Damit saßen wir mit den Frauen in der Tinte! Wir hatten zwar nicht die Wolldecke geklaut, aber niemand sonst brachte sie zurück. Jetzt machten sich der 1. Offizier mit dem Bootsmann an die Arbeit, die Kammern zu durchsuchen. Natürlich auch unsere.

Unsere Mädchen waren gewarnt und hatten bereits ausprobiert, wie sie sich hinter aufgehängten Hemden und Hosen dünn machen konnten, falls die Sucher in die Schränke gucken wollten. Den Kammerschlüssel hatte Kollege Harry in der Hoffnung mit in den Maschinenraum genommen, dass die Schnüffler dann unsere Behausung erst einmal überspringen musste und die Decke sich inzwischen woanders wieder anfinden würde. Der Erste aber schickte sofort einen Matrosen los, um den Schlüssel zu holen. Der war schnell zurück und Harry war ihm eilig gefolgt, um noch unverdächtige Klopfzeichen anzubringen und wegen des angeblich defekten Schlosses selbst und vor allem langsam die Tür zu öffnen. Bootsmann und Erster hatten es nun eilig, sahen auf die Betten, öffneten die Schränke einen Spalt breit und gingen wieder.

Alles schien okay zu sein, doch als wir wieder an Deck waren, wollte der Matrose abermals in unsere Kammer sehen. Irgendetwas musste ihm komisch vorgekommen sein.

Das alles ging zu schnell. Zwar hatte Harry sein Klopfzeichen anbringen können und auch die Tür öffnete er wieder mit langsamer Sorgfalt. Elke und Karin aber konnten sich nur noch am Bettende verkriechen. Der Matrose entdeckte Karins Gesicht.

»Das muss ich melden«, sagte er und wollte schon losrennen.

»Moment«, hielt ich ihn zurück, »lasst uns doch erst einmal darüber reden.«

Wir erzählten ihm, auf welche Weise es zu dem Damenbesuch gekommen war – und einigten uns auf eine Kiste Bier als Schweigelohn.

Der Matrose muss völlig ausgetrocknet gewesen sein. Er goss glücklich alle 24 Flaschen in sich hinein und war noch am nächsten Tag volltrunken und arbeitsunfähig. Der Bootsmann machte Meldung und der Kapitän bestellte den Matrosen zu sich, »sobald er wieder laufen kann«.

Was die beiden besprochen hatten, bevor der Matrose noch immer mit wechselnder Schlagseite von der Brücke kam, konnte ich nur ahnen. Viel schneller machte sich der Kapitän und sein Erster Steuermann in Richtung Achtern auf den Weg. Ich hielt mich in der Nähe der Kammer auf, und als sie mich sahen, stürzten sie sich auf mich.

»Sofort die Tür öffnen!«, sagte der Kapitän.

»Geht nicht!«, sagte ich. »Hab gar keinen Schlüssel.«

Der Steuermann zog einen Schlüssel vom Schloss der Nachbarkabine und steckte ihn in unsere Tür – er passte!

Die Mädchen bleib keine Zeit, sich im Schrank zu verstecken. Der Kapitän riss den Vorhang der unteren Koje zurück – und da lag, was er suchte: Karin.

Der Steuermann hatte ein Geräusch aus der oberen Koje vernommen und zog auch hier den Vorhang weg: da lag Elke und sah mich traurig mit ihren blauen Augen an.

Kapitän und Steuermann waren überrascht. Der besoffene Matrose hatte ihnen nur von einem Mädel erzählt. Jetzt war die Aufregung doppelt groß.

Elke und Karin sollten ihre Sachen zusammensammeln und mit dem Steuermann gehen.

Er sperrte sie im Hospitalraum ein. Die Passagiere staunten, was auf so einem Schiff alles passiert. Die Besatzung ebenso.

Mich nahm der Kapitän ins Verhör und ich erzählte ihm die Geschichte, die ich mir für diesen Fall zurechtgelegt hatte: »In Hamburg dachten wir, dass sie von Bord gegangen seien, aber sie hatten sich in den Kabinenschränken versteckt und sind erst herausgekommen, als der Lotse schon lange von Bord war. Da habe ich gedacht: Jetzt ist es zu spät für eine Meldung. Das Lotsenboot war doch bis Kanada die letzte Landverbindung. In Kanada wollten wir die Mädchen zum Konsulat schicken. Sie meinten auch, dass sie vielleicht für immer in Kanada bleiben könnten.«

In Montreal wurden Elke und Karin von Bord geholt. Die kanadischen Immigrationsoffiziere machten lange Gesichter. Solch einen Fall hatten sie bisher noch nicht gehabt. An Land wurden die beiden erneut eingeschlossen. Sie sollten so lange hinter Mauern bleiben, bis das Schiff wieder ausläuft und sie wieder zurück nach Deutschland nimmt. Harrys Karin kam aus der DDR und hätte in Kanada um Asyl bitten können. Doch für solch eine Alleintour im fremden Land fehlte ihr der Mut, und so gehörte auch sie zur besonderen Fracht der »Vogesen«.

Das Schiff sollte Zement löschen und Getreide für Hamburg an Bord nehmen. Vierzehn Tage sollte das dauern – und Harry und ich durften nicht von Bord. Drei Tage lang hielt ich das aus. In dieser Zeit zerfloss der Traum, den ich mit Elke träumte, als wir zusammen in der Koje lagen: In Kanada bleiben, Arbeit suchen und eine Familie gründen.

»Erwin«, sagte Harry, »ich glaube, die Rückreise wird grausam. Nicht nur, dass wir dann wieder mehr Platz in der Koje haben. Da ist bestimmt auch noch ein dickes Ende.«

»Am besten, wir setzen uns hier ab. Ich kenn' mich in Nordamerika aus. Lief ein Jahr lang ganz gut.«

»Machen wir's gemeinsam?«, fragte Harry.

»Okay. Morgen geht's los.«

Über den Regenbogen

Die Flucht vom Schiff war leichter, als wir es uns vorgestellt hatten. Wir hatten niemanden von unserem Plan erzählt. Wie immer frühstückten wir zusammen mit den Kameraden. Wir waren damit fertig, als unser Aufpasser damit anfing. Wir gingen die Gangway hinunter und über die Pier, zwischen zwei Schuppen hindurch – und fingen erst dann an zu laufen. Wir hatten nur das Nötigste mitgenommen: unsere Pässe und nur wenig mehr als vierzig Dollar, wovon das meiste für die Bus-Tickets nach Toronto verbraucht wurde. Von dort wollten wir per Anhalter zu den Niagarafällen und über die Grenze in die USA. Dann wären wir auch vor unseren Häschern auf der sicheren Seite.

Sechzehn Stunden dauerte die Busfahrt bis Toronto, wo wir uns in einer billigen Absteige für drei Dollar erst einmal ausschlafen konnten. Am nächsten Morgen bestand unser Frühstück aus Brot und einer Gurke. Harry wollte sich totlachen, als ich mit diesen Lebensmitteln aus dem Laden kam, doch sein Humor machte auch nicht satt.

Dann standen wir am Queen Elisabeth Highway nach Niagara und hielten die Daumen hoch. Nach einer Stunde hielt ein netter Mensch, der mit jedem Fahrzeug auf der Strecke ein Rennen austrug. Er musste sie alle überholen. So waren wir recht schnell an den Wasserfällen. Zwar wollte er weiter in die Vereinigten Staaten, wir aber mussten in Niagarafalls Town aussteigen, weil wir kein Visum hatten.

Wir wollte es zu Fuß über die Rainbow International Bridge versuchen, bezahlten zehn Cent Wegzoll und durften die Brücke betreten, die den Niagarafluss in einem weiten Bogen überspannte. In der Mitte des Flusses verlief die Grenze zwischen Kanada und den Vereinigten Staaten und auf der Brücke konnten wir mit einem Bein in Kanada und mit dem anderen in den USA stehen. Wir blickten in bunt schillernde Wasserwolken, die vom Niagarafall aufstiegen und der Regenbogenbrücke ihren Namen gab.

Für 20 Cent konnten wir mit einem Fernrohr nicht nur weiter in die Staaten blicken, sondern auch die Grenzkontrolle auf der USA-Seite beobachten. Viele Touristen wurden überhaupt nicht kontrolliert. Warum sollten sie ausgerechnet uns kontrollieren?

Am Zollhaus angekommen, wurden wir sogleich gestoppt und nach unseren Papieren befragt. Mein Herz hörte auf zu schlagen. Weil Harry kein Englisch sprach, hatten wir ausgemacht, dass er als Taubstummer auf mich angewiesen sei. Das gelang ihm auch sehr gut, während ich nun alles allein ausbaden musste. Wir machten »auf dumm« und suchten fieberhaft in unseren Taschen nach Dokumenten. Aber wir waren mit falschen Namen unterwegs, weil wir uns nicht vom »Vogesen«-Kapitän einfangen lassen wollten. Die Pässe waren unser Heiligtum.

»Ich muss die Papiere in unserem Hotel auf dem Tisch liegengelassen haben«, erklärte ich verzweifelt. »Wir wollten uns ja eigentlich nur die Wasserfälle einmal von der amerikanischen Seite aus ansehen.«

Es nützte nichts. Der Beamte wollte unsere Papiere sehen. Wir könnten ja wiederkommen, wenn wir sie im Hotel abgeholt hätten. Er forderte uns auf, mit ins Zollhaus zu kommen.

Jetzt war ich so aufgeregt, dass ich zu stottern anfing und nicht mehr richtig Englisch sprechen konnte. Harry versuchte sich in Zeichensprache und wollte schon zu sprechen anfangen. Da kniff ich ihn in den Arm. Der Beamte hielt uns wahrscheinlich für Komiker. Damit uns nicht Ähnliches auf der kanadischen Seite passieren sollte, gab er uns einen Passierschein für Kanada.

»Damit ihr wieder von der Brücke kommt«, erklärte der Beamte die seltsame Logik.

In der Mitte der Regenbogenbrücke sahen wir noch einmal zurück ins Land der unbegrenzten Möglichkeiten. Wir hatten wohl noch nicht alles ausprobiert. Mit dem Passierschein waren wir jedoch ohne weitere Fragen wieder in Kanada willkommen.

Wir hatten noch gut zwei Dollar Bares bei uns, die mussten wir für den absoluten Notfall behalten, also nicht für Zigaretten oder sonstwas Unnützes.

Es ging auf 22 Uhr und wir wollten während der Nacht keinen zweiten Versuch machen. Die Idee, unter freiem Himmel zu schlafen scheiterte, weil es anfing zu regnen und recht kalt wurde. Auf der Suche nach einem Dach über dem Kopf, fanden wir eine offene Garage. Ein schwerer Amiwagen wurde unser Nachtlager. Früh um sechs Uhr waren wir wieder auf der Straße, weil wir nicht riskieren wollten, dass der Besitzer früh zur Arbeit fahren musste und Pennern, die in seinem Wagen schliefen, eine Kugel in den Kopf schießen würde.

Wir wollten es jetzt Richtung Windsor und Detroit versuchen, um von dort weiter nach Chicago zu trampen. Es regnete nicht mehr, und als die Sonne hoch am Himmel stand, umschwirrten uns die Mücken. Unsere hochgereckten Daumen stoppten kein Auto. Unsere Stimmung sank auf Null.

Auf einer Straßenkarte von Niagara Falls entdeckten wir die Whirlpool Bridge, eine Eisenbahnbrücke über den gurgelnden Lauf des Niagaraflusses, etwas weiter nördlich. Hungrig machten wir uns auf den Weg.

Bald sahen wir, dass die erhoffte zweite Chance auch ihre Tücken hatte. Die Brücke wurde von allen Seiten bewacht, und als es dunkel wurde, leuchteten auf den Wachtürmen die Scheinwerfer auf.

»Wir warten, bis es richtig Nacht ist, dann wird man sicher nicht mehr so genau hinsehen«, meinte ich, während wir das Objekt aus respektvollem Abstand beobachteten. Nachts noch mehr als am Tag fuhren Güterzüge über die Brücke. Sie schlichen förmlich im Schneckentempo über den Fluss.

»Das ist es«, sagte wir fast gleichzeitig und klopften uns auf die Schenkel.

Es regnete wieder und wir suchten uns ein trockenes Versteck in der Nähe der Brücke. Wir dösten ein bisschen vor uns hin, bis uns die schrille Pfeife einer Diesellok aufschreckte.

Die Kirchenuhr zeigte auf zwei Uhr morgens. Wir standen jetzt sprungbereit auf den Beinen. Langsam kroch der Güterzug heran. Es regnete immer noch. Dann ein konzentrierter Sprung – und schon saßen wir in einem leeren Kohlewagon der Canadian Railways. Alles ging wie der Blitz. Wir hockten uns einzeln und so klein wie möglich in eine Ecke, um nicht entdeckt zu werden. Die Männer in den Wachtürmen saßen hinter Scheiben, auf die der Regen prasselte und ihnen die Sicht nahm. Glück für uns.

Fünf Minuten dauerte die Brückenfahrt, dann waren wir auf der amerikanischen Seite und sprangen ab, bevor der Güterzug wieder Fahrt aufnahm. Der Sprung endete im meterhohen Gras, das uns den Rest an Wasser gab. Wir waren klatschnass, doch voller Freude umarmten wir uns.

Wir suchten wieder eine offene Garage und fanden eine, in der sogar eine Heizung installiert war. Wir drehten sie voll auf und hatten gegen sechs Uhr wieder trockene Klamotten auf dem Leib. Schnell machten wir uns davon, um nicht vom bewaffneten Besitzer erwischt zu werden.

Dann wurde uns bewusst, dass wir immer noch nah an der Grenze waren, weit weg von unserem Ziel Chicago. Zwar trocken, aber ohne Geld – und hungrig.

»Wir hätten im Güterzug bleiben sollen«, meinte Harry, »dann wären wir jetzt bestimmt in einer größeren Stadt.«

Um die verpasste Chance auszubügeln, gingen wir zurück zur Bahnstrecke. Jetzt sahen wir, dass sich der Schienenstrang von der Brücke aus in ein Weichensystem verzweigte.

Der Sonnenaufgang lag zwar hinter dunklen Wolken, doch es hellte sich zusehends auf. Um nicht entdeckt zu werden, suchten wir uns einen Platz hinter dichten Büschen. In diesem Moment rollte ein langer Güterzug von Norden heran und kam mit quietschenden Rädern in einer langen Kurve vor einem Signal zum Stehen.

»Unser Zug ist da!«, jubelte Harry und kletterte am Tritt eines Wagon hoch. Er fummelte am

Türriegel. »Schieb mal!«, rief er. »Ist nicht versiegelt. Der kommt nicht aus Kanada.«

»Hauptsache, dass er dort nicht hin will«, rief ich zurück und schob die Wagontür zur Seite.

Harry streckte seinen Arm aus und zog mich hoch. Ein fruchtiger Geruch schlug mir entgegen.

»Zum Frühstück gibt's Äpfel«, sagte Harry. Der Wagon war mit Paletten voller Apfelkisten beladen. Sie stillten gleichermaßen unseren Hunger und Durst. Gegen zehn Uhr wussten wir, dass uns die Reise nach Buffalo geführt hatte.

Wir fragten uns zum Bus-Terminal durch. Das war in fast jeder Stadt der USA ein Ort, an dem es auch einen Waschraum gab. Unrasiert und fern der Heimat war in Amerika kein Status, der Erfolg brachte. Auch wenn es die letzten Coins waren, wir mussten zehn Cent Eintritt aufbringen, um schließlich den Waschraum wie neugeboren zu verlassen.

Am Bus-Terminal erfuhren wir auch, dass die Fahrt nach Chicago 13 Dollar kostet. Umso notwendiger, irgendeinen Job anzunehmen, wofür wir wiederum die Social Security Card benötigten. Wie man diese Karte auch ohne Papiere bekommen konnte – damit hatte ich Erfahrungen und keine Befürchtung, es diesmal nicht zu schaffen. Harry sollte wieder den Taubstummen spielen. Meine Fantasie für eine glaubhafte Geschichte kannte keine Grenzen – und dass ich mich so für meinen taubstummen Freund einsetzte, brachte man mir auf dem Amt respektvolle Anerkennung entgegen.

Weil wir nicht wussten, ob wir auch schon auf einer amerikanischen Fahndungsliste standen, blieben wir bei den neuen Namen, an die wir uns noch gewöhnen mussten. Sie standen jetzt ja auch auf der noch unbenutzten aber unerlässlichen Social Security Card.

In einem Straßencafé griff ich mir im Vorübergehen eine liegengebliebene Zeitung, um nach entsprechenden Angeboten im Hafengebiet von Buffalo zu suchen.

»Es werden Männer zwischen 18 und 25 Jahren gesucht«, übersetzte ich das Inserat für meinen taubstummen Kumpel. »In einem Handelshaus an der Waterfront sollten für 1,75 Dollar Stundenlohn Sackkarren geschoben werden. »Genau das Richtige für Leute, die nicht richtig Englisch sprechen. Einfach nur Karre schieben und Maul halten«, erklärte ich ihm. »Allerdings: Vorzustellen noch heute bis 17 Uhr bei der American Standard c/o Buffalo im Staat New York – das ist zu Fuß nicht zu schaffen. Wir müssen es per Autostop versuchen.«

Harry war mit allem einverstanden.

Es stellte sich bald heraus, dass die Amerikaner doch nicht so gern jemanden mitnehmen. Auf unserem Weg in die Richtung Hafen streckten wir den Autos vergeblich bettelnd unseren Anhalter-Daumen entgegen.

Schließlich hielt doch einer an, stieg sogar aus und kam uns entgegen. Das kam mir komisch vor. Der wollte mehr von uns. Meinem Freund fiel das gar nicht auf, er ging ihm entgegen. Ich musste folgen.

Und meine Vermutung hatte mich nicht getäuscht. Dieser Mann bedeutete Unheil für uns. Er griff in seine Brusttasche und zog seine Legitimation heraus: F.B.I.-Agent oder Buffalo-Sheriff – jedenfalls wollte er unsere Ausweise sehen.

»Unsere Papiere sind in Chicago«, sagte ich. »Alles, was wir bei uns haben, ist die Social Security Card.«

»Wieso habt ihr eure Papiere nicht dabei?«

»Papiere, die man nicht bei sich hat, können nicht gestohlen werden«, sagte ich.

»Weshalb seid ihr in dieser Stadt?«

»Wir hatten einen Ausflug zu den Niagarafällen gemacht und wollten uns auf dem Rückweg einmal in Buffalo umsehen, das ist ja auch eine schöne Stadt.«

»Und warum haltet ihr Autos an.«

»Weil wir ohne Ticket zum Hafen wollten. Unser Geld ist knapp geworden. Es ist alles viel teurer gewesen, als wir vorher angenommen hatten.«

So gingen die Fragen hin und her. Der F.B.I.-Agent erwies sich als ein gerissener Kerl, der nicht glauben wollte, was ich ihm erzählte.

Höflich bat er uns, in seinen Wagen zu steigen. Mit dem routinierten Fingerzeig auf seine Dienstwaffe machte er uns klar, dass Weglaufen keinen Sinn machte.

Wir fuhren zum State Border Office, auch Buffalo war eine Grenzstadt. Hier mussten wir nun etwas genauer Rede und Antwort stehen als zuvor im freundlichen Small Talk auf der Straße. Alles was wir bei uns hatten, mussten wir auf den Tisch legen. Darunter auch unsere Reisepässe, deren Personaldaten nicht mit den Social Security Cards überein stimmten.

Jetzt war alles zu spät.

Meine Behauptung, wir hätten die Cards am Bus-Terminal im Waschraum gefunden, machten es nur noch schlimmer.

Als die Beamten hörten, auf welche Art wir in die Vereinigten Staaten gekommen waren, war der Teufel los. Sofort riefen sie bei der Border Control an und erkundigten sich, wer Dienst hatte. Dann wurde der Ärmste am anderen Ende des Telefons ausgezählt.

Mein Kumpel durfte jetzt auch wieder sprechen, was ihn auch irgendwie erleichterte. Unsere Schauspielerkarriere war komplett zu Ende.

»Liegt euer Schiff noch in Montreal?«, wollte ein Beamter wissen.

»Nein!«, sagten wir beide wie aus einem Munde. Wir waren noch immer gut aufeinander eingespielt. Es wäre nicht auszudenken, wenn man uns wieder zurück an Bord gebracht hätte. Unsere Bord-Kumpels hätten sich totgelacht. Diese Blamage wollte wir uns ersparen.

Auf eine Deportation hatten wir uns innerlich eingestellt. In Begleitung von zwei Beamten stiegen wir in ein Auto. Als wir aus der Stadt heraus waren, fuhren wir mit hoher Geschwindigkeit anderthalb Stunden durch Wald und Flur.

»Wohin geht es denn jetzt?«, fragte ich.

»Ins Hotel!«, antworteten die Sheriffs grinsend.

Damit war klar, dass sie ein Gefängnis meinten. Wie lange wir in diesem Staatshotel bleiben sollten, konnten sie uns nicht sagen.

Als wir drei Tage lang die vergitterte Gastfreundschaft der Amis genossen hatten, war wieder eine Autotour dran. Ziel war ein Flugplatz in der Nähe. Der Flieger sollte uns nach New York bringen. Wir sollten so schnell wie möglich deportiert werden.

Zu unserem Erstaunen flogen wir ohne Beamten-Begleitung nach New York. Der Flug nach La Guardia dauerte anderthalb Stunden. Mit zwei hübschen Stewardessen ließ sich gut fliegen. Eine sprach sogar so gepflegt deutsch, dass es mir peinlich war, mich mit unrasiertem Gesicht zu unterhalten. Im Übrigen war es ein guter Flug, auch das Bord-Mittagessen schmeckte – alles bezahlt vom guten Onkel Sam.

In New York angekommen, wurden wir sofort an der Rolltreppe in Empfang genommen, damit wir uns in New York nicht verlaufen. Zwei Beamte nahmen uns in ihre Mitte und fuhren mit uns in einer schwarzen Karosse quer durch die Stadt. Wir waren gespannt, wohin es diesmal ging, doch wieder hüllten sich die Beamten in geheimnisvolles Schweigen. Über den Broadway ging es bis zur 42. Straße, dann weiter bis zur Washington Street – Endstation.

Ein Fahrstuhl brachte uns in den 9. Stock.

Abermals wurden wir am ganzen Körper gründlich untersucht, als hätten wir unterwegs eine Pistole kaufen können? Schließlich als »clean« befunden, wurden wir in einen großen Saal gesperrt, in dem schon 45 Männer unterschiedlicher Nationen campierten. Die Betten standen übereinander.

Es war ein seltsames Indoor-Camping ohne Zelte. Einige vertrieben sich mit Ping-Pong die Langeweile, andere saßen vorm Regal, in dem ein Fernsehgerät flimmerte, solch ein Gerät hatte ich in Deutschland noch nie gesehen. In einer Ecke konnte jeder selbst seine Leibwäsche waschen und bügeln. Am Essen war nichts auszusetzen. Nur die dicken Gitter an den Fenstern wiesen darauf hin, dass dies ein Gefängnis war.

Wir rechneten mit einer Woche Aufenthalt. Es sollte jedoch etwas länger dauern.

Der Reisepass meines Kumpels war noch gültig, meiner indessen schon vor fünf Jahren abgelaufen. Nach fünf Tagen wurde ich zum Deutschen Konsulat in der Park Avenue bestellt. Ein Beamter begleitete mich.

Dort sagte mir auch der deutsche Konsul Hans von Seuken, dass er die Ungültigkeit meines Reisepass seit fünf Jahren bemerkt habe.

»Das ist mir schon seit Jahren bekannt, bin einfach nicht aufs Amt gekommen«, sagte ich.

Der Konsul erklärte: »Sie brauchen einen neuen Pass, um überhaupt nach Deutschland zu kommen. Das kann zwei bis drei Wochen dauern.« Mein Kollege dagegen könnte sofort nach Deutschland reisen.

Während ich zurück zu den Abschiebehäftlingen musste, wurde Harry zwei Tage später auf ein Passagierschiff gebracht, das ihn bis nach Bremerhaven schiffte. Nach zwei Wochen hielt ich es für angebracht, bezüglich meiner Rückreise beim Konsul anzurufen.

»Haben Sie bitte noch etwas Geduld«, sagte der Konsul. Er deutete an, dass noch in Hamburg Ermittlungen über mich liefen. Es gab wohl noch Hoffnungen, mit mir einen dicken kriminellen Fisch an der Angel zu haben.

Nach mir endlos vorkommenden drei Wochen bekam ich vom Konsul die Nachricht, dass meiner Ausreise nichts mehr im Wege stehe. Ein Stein fiel mir vom Herzen. Die stickige Luft im Gefängnissaal war mir unerträglich geworden. Jeden Morgen wurde der Saal gefegt und dabei der Staub von zehn Ventilatoren aufgewirbelt.

Er wurde nur dadurch weniger, dass er sich in unseren Lungen niederließ.

Der nächste Tag war noch nicht das Ende. Ich musste noch sieben Tage lang aus dem 9. Stockwerk auf die Lichter des Empire State Building schauen, bis die »Berlin« vom Norddeutschen Lloyd nach Bremerhaven auslaufen sollte. Ich schätzte, dass mein Kumpel Harry bereits zu Hause war. Wie mochte es unseren Mädchen gehen? Sicher hatten sie erfahren, dass wir uns in Montreal von Bord geschlichen hatten – oder sie hatten uns schon vergessen und als »verschollene Matrosen« abgeschrieben …

*

Am Tag meiner Abreise verabschiedete ich mich von den Wärtern und einigen ausländischen Kollegen mit freundschaftlichem Händeschütteln und guten Zukunftswünschen.

»Immerhin kommst du hier jetzt raus«, sagte mir einer der Wärter. »Ich aber muss hier noch zwölf Jahren meinen Job machen. Stattdessen würde ich auch lieber eine Seereise nach Deutschland machen.« Diese Perspektive hatte ich noch nie bedacht, jetzt fühlte ich mich wie ein freier Passagier auf großer Seereise.

Zunächst aber wurde ich wieder in ein schwarzes Auto bugsiert, um quer durch New York zur 57. Straße chauffiert zu werden. Der Fahrer schien in der Nacht schlecht geschlafen zu haben, was er nun am Steuer nachholte. Ein schmerzhaftes

Knirschen drang durch meinen Kopf – er hatte ein anderes Fahrzeug geschrammt.

Während die Beteiligten darüber diskutierten, wer an dem Crash schuld war, bangte ich darum, dass die »Berlin« ohne mich ablegen würde. Schließlich waren sie froh darüber, dass es nicht schlimmer ausgegangen war, tauschten die Adressen und schüttelten sich die Hände.

Wir erreichten das Schiff rechtzeitig. An Bord wurden mir meine Papiere abgenommen und ich wurde in einer Kabine eingeschlossen. Immer wieder klopften die F.B.I.-Agenten an die Tür, um zu überprüfen, ob ich noch da bin. Es dauerte mehr als zwei Stunden.

Dann ging ein sanftes Vibrieren durchs Schiff; die Schrauben drehten sich, wir legten ab.

Nach einer Weile hörte ich das Rasseln eines Schlüsselbundes. Der Steward öffnete die Tür und lud mich mit weit ausholenden Handbewegung ein, aus meinem Loch herauszukommen.

Die M.S. »Berlin« vom Norddeutschen Lloyd brachte mich wieder nach Deutschland.

»Sie können sich ab jetzt an Bord frei bewegen«, sagte er. »Melden Sie sich um zwölf Uhr zum Mittagessen auf dem C-Deck.«

Zuerst lief ich aufs Oberdeck, um von dort Abschied von New York zu nehmen. Beim Blick auf die Skyline Manhattans war die Zeit im Gefängnissaal wie weggewischt. Was für eine faszinierende Stadt! Mir wurden die Augen feucht. Ich badete förmlich im Wind, der nach Hafen und Freiheit roch – doch sie hatte ihre Grenze an der Reling.

Die Überfahrt als Passagier auf der M.S. Berlin war für mich ein überwältigendes Erlebnis – allein schon durch die Speisekarte. Ich habe diese Karte während der zweiwöchigen Reise von oben bis unten durchgegessen und dabei sieben Pfund zugenommen.

Abgenommen dagegen hatte mein Gepäck, es bestand lediglich aus einer kleinen Tasche mit wenigen Utensilien. So fuhr ich von Bremerhaven mit dem Zug nach Hamburg. Die Fahrkarte dafür erhielt ich zusammen mit meinen Papieren.

Ich schämte mich, so nach Hause zu kommen. Meine Mutter vermutete mich doch in der ganzen Zeit auf hoher See. Als ich ihr meine Geschichte in einer etwas milderen Weise schilderte, schüttelte sie immer wieder den Kopf: »Junge, was machst du denn für Sachen?«

Ein dickes Ende sollte noch kommen: Der Kapitän der »Vogesen« hatte mich im Namen der

Reederei beim Seegericht angeklagt. Das Ergebnis: Ein Monat Gefängnis auf Bewährung und 150 D-Mark Geldstrafe. Ich bin recht billig per Passagierschiff über den Großen Teich gefahren.

Als ich das Urteil eher erleichtert verdaut hatte, kam noch ein Schreiben von der Hamburger Reederei: Darin wurde ich aufgefordert, 560 D-Mark zu überweisen: Kost und Logis für Elke Schmidt. Mein blondes Mädchen mit den blauen Augen – wo mochte sie jetzt sein? Ihren Anschrift habe ich nie herausbekommen. Ob sie vielleicht in Kanada geblieben war? Ich wünsche ihr, dass sie glücklich geheiratet hat.

In den nächsten Jahren sagte man mir manchmal nach, dass ich die Schiffe wechselte, wie andere die Hemden.

»Liebe Leute«, sagte ich ihnen dann, »geht unter die Dusche und behaltet eure Hemden an, sie werden es genau so nötig haben wie ihr.«

Aber Spaß beiseite, die Arbeit an Bord ist kein Zuckerschlecken. Das braucht auch Abwechslung und Entspannung. Und manchmal wird die gleiche Arbeit dadurch interessanter, dass sie auf einem anderen Schiff mit einer anderen Mannschaft ganz anders bewältigt wird. So fuhr ich denn abwechselnd auf deutschen und ausländischen Schiffen und mit unterschiedlich zusammengesetzten Mannschaften.

Manchmal passiert auch dabei etwas Ungewöhnliches – wie in der nächsten Geschichte.

Mit der »Brook«: Kartoffeln für Lambaréné

Weihnachten mit Albert Schweitzer

Gegen elf Uhr am Vormittag hatten wir mit der »Brook« von der HMG-Reederei auf Afrika-Tour im Hafen Libreville in Kamerun angelegt. Es war Weihnachten, der 24. Dezember 1956. Unter allerlei Stückgut waren auch zehn Zentner Kartoffeln für Lambaréné im Nachbarland Gabun. Sie sollten nachmittags abgeholt werden, wusste man am Kai, deshalb sollten sie nicht in den Schuppen gebracht werden.

Uns beschäftigte nicht so sehr die Frage, wer denn in Afrika zehn Zentner Kartoffeln brauchte. Sie fielen uns jedoch auf, weil sie müffelten. Ein Teil der Kartoffeln hatte die lange Seereise anscheinend übel genommen, zumal auf dem langen Weg zur Westküste Afrikas nicht überall deutsche Weihnachts-Temperaturen herrschten.

Natürlich fühlten wir uns nicht schuldig am Zustand der Kartoffeln, doch der Kapitän meinte: »Wir haben ja Zeit, dann können wir doch mal eben die faulen Knollen heraussortieren. Die gehen an ein Krankenhaus, da können wir doch nicht deutsche Ware anliefern, von der die Patienten Schieteritis kriegen.« Unser Käptn verstand es, die richtigen Worte zu finden. Mit der gesamten Mannschaft sortierten wir die Kartoffeln für Lambaréné.

Von zehn Zentnern blieben ungefähr acht Zentner übrig. Die aber mit Speck und Zwiebeln aus der Pfanne ... da hätten wir uns gern mit an den Tisch gesetzt. Wir aber hatten eine andere Weihnachts-Party geplant. Auf dem Kapitäns-Deck war der Salon für die Besatzung festlich hergerichtet, es sollte an Bord keine Weihnachts-Melancholie aufkommen.

Der Koch hatte sogar einen Tannenbaum aus seinem Kühllager geholt, der mit bunten Bändern und Weihnachtskarten geschmückt wurde.

Gegen 16 Uhr standen drei Personen, die mit einem kleinen Lastwagen angekommen waren, auf dem Kai: Ein älterer Herr, der rechts und links von Krankenschwestern gestützt wurde.

»Die Kartoffeln sind für uns«, rief eine der Krankenschwestern erklärend herauf.

»Dürfen wir an Bord kommen?«, fragte der ältere Herr. Es waren also Deutsche.

Ich eilte den dreien entgegen, damit sie heil an Bord kommen. Der Alte war wirklich nicht mehr gut auf den Beinen, aber seine Augen leuchteten.

»Wir kommen aus der Lepra-Kolonie, aber keine Angst, wir bringen keine Krankheit mit«, versprach er uns.

»Das ist Professor Dr. Albert Schweitzer aus dem Urwaldhospital in Lambaréné …«, begann eine seiner Begleiterinnen.

Er winkte ab: »Der Urwalddoktor.«

Jetzt wusste ich, warum mir sein Gesicht so bekannt vorkam, sein markanter Schnauzbart war mir immer mal wieder in der Zeitung aufgefallen. Ich wollte Meldung beim Kapitän machen, der aber kam uns entgegen und begrüßte den Gast mit großem Respekt. Ich nehme an, dass er bestens informiert war.

Der Kapitän machte eine einladende Handbewegung. »Herzlich Willkommen an Bord, verehrter Doktor Schweitzer. Wir feiern heute den Heiligen Abend und würden uns freuen, wenn Sie mit ihren Begleiterinnen dabei sind.«

Der Urwalddoktor räusperte sich. »Das ist nett – und ich gestehe: Ich hätte danach gefragt, ob wir bleiben dürfen. Sicher gibt es bei Ihnen deutsches Brot und deutsche Wurst auf Schwarzbrot. Das wäre eine treffliche Weihnachtsüberraschung für mich. Wir haben zwar einen guten Koch in Lambaréné, aber er ist nicht deutsch, denn er kocht für afrikanische Patienten. Es schmeckt mir, aber es schmeckt nicht nach Heimat.«

»Zur Feier des Tages gibt's auch deutsches Bier und deutschen Wein«, versprach der Kapitän.

»Gern ein Gläschen«, meinte Albert Schweitzer. »Ich bin nicht so trinkfest wie die Seeleute.«

Alle lachten. Wir erfuhren, dass die Hospital-Delegation eine Hotelnacht eingeplant hatte.

»Die Fahrt von Gabun nach Kamerun dauert nur ein paar Minuten, aber von Lambaréné bis Libreville braucht es mindestens fünf Stunden. Das macht man nicht gern zweimal täglich. Doch wenn wir uns die Kartoffeln schicken lassen, müssen wir mindestens eine Woche lang warten. Das vertragen sie nicht.«

Das konnten wir bestätigen.

Unser Koch hatte all seine Kunst in das Weihnachtsessen gelegt. Es war wirklich eine festliche Tafel, an der nicht nur gegessen und getrunken wurde, sondern auch viel geredet. Albert Schweitzer wurde mit Fragen überschüttet und er erzählte unermüdlich von dem, was wir von ihm erfahren wollten. Es gab kein Thema, zu dem er nicht etwas sagen konnte. Vier Jahre zuvor hatte er den Friedensnobelpreis erhalten – für seinen engagierten Standpunkt zur atomaren Abrüstung.

Und mit ihm sangen wir mit Schallplattenbegleitung deutsche Weihnachtslieder. Halleluja, das gab es nur einmal!

Als Albert Schweitzer nach rund fünf Stunden mit seinen beiden Krankenschwestern von Bord ging, stand die ganze Besatzung der »Brook« Spalier. Und selbst glücklich verabschiedet er sich von jedem mit einem Händedruck und guten Wünschen.

Es war das beeindruckendste Weihnachtsfest meines Lebens. Und es kommt mir vor, als ob es in jedem Jahr in meiner Erinnerung noch etwas wächst. Nie wieder traf ich einen Menschen dieser charismatischen Menschlichkeit und respektvoller Achtung vor jeglichem Leben.

Albert Schweitzer lebte noch fast neu Jahre nach unserer Begegnung. Er starb mit neunzig Jahren am 4. September 1965 in Lambaréné.

Downunder lief nicht alles glatt

Das war Glücksache! 1959 durfte ich auf einem englischen Frachter anmustern, der nach Indien und Australien fuhr. Ich wollte die Welt sehen – und dieses Schiff ging auf Weltreise. Ich ging in Schweden an Bord. Die Reise verlief durch den Panama-Kanal nach Oregon im Westen der USA, von dort mit Getreide nach Kalkutta und von Indien nach Australien. Von dort wieder nordwärts mit Getreide nach Rotterdam.

Die bunte Vorstellung, die ich von Indien hatte, erfüllte sich nicht. Ich hatte in Kalkutta und Madras den Eindruck, dass die Welt von Bettlern bevölkert wäre und die Straßen den Kühen gehörte. Und die schlimmsten Peiniger waren die Moskitos. Das Bier war importiert und deshalb teuer. Straßenbahnen und Busse waren mit Menschen vollgestopft wie Heringe in der Fischdose. Ging ich zu Fuß, wurde ich alle fünfzig Meter angebettelt. Fuhr ich mit der Rikscha oder mit einem verbeulten Taxi, wurde ich mit dem Fahrpreis übers Ohr gehauen. Das alles bei drückender Hitze. Vier Wochen lag das Schiff am Kai – das ging mir mächtig auf die Nerven. Ich war froh, als wir Indien das Heck zeigten. Und ich nahm mir vor, nie wieder indischen Boden zu betreten.

Australien dagegen präsentierte sich mir wie ein Traumland. Wir liefen Fremantle im Südwesten des Kontinents an und lagen dort zwei Wochen. Die Menschen gaben sich so, wie sie sind, eine Art, die mir schon an den Amerikanern so gefallen hatte. Nur die Aboriginals, wie die Ureinwohner genannt wurden, tranken gern über den Durst. Aber Schwamm drüber, in dieser Disziplin sind wir Seeleute ja ein bisschen verwandt mit ihnen. Deshalb haben mir auch die riesigen Schanklokale imponiert. Da lief das Bier ohne Unterbrechung – bis 21:00 Uhr. Dann war Schluss mit der Bierseligkeit. Schnell raus aus dem Lokal, denn gegenüber stand schon die »Grüne Minna« bereit, um die Schnapsleichen einzusammeln. Die durften dann auf der Polizeistation ihren Rausch ausschlafen – und am nächsten Morgen die »Hotelrechnung« bezahlen.

»Andere Länder – andere Sitten«, sagt man ja. In öffentlichen Anlagen sammelte die Polizei die fröhlichen Zecher bereits am Tage ein.

Wir waren fünf deutsche Matrosen auf diesem englischen Schiff. Was sich in Fremantle alles an Bord abspielte, passt unter die Überschrift

Der Teufel hat den Schnaps gemacht

Zwei englische Matrosen hatten sich in der Stadt den Kragen vollgesoffen. Jetzt überlegten sie, wie sie schnell und billig zurück an Bord kommen konnten. Die herumstehenden Fahrräder waren überwiegend nicht mit Schloss und Kette gesichert. Es bot sich also förmlich an, sie für den eigenen Bedarf zu benutzen. Ich staunte, als die beiden gegen 21:30 Uhr mit einem Damenrad die Gangway heraufstolperten.

»Werrii Guud Baaik voor Tuu«, lallte einer von ihnen und klopfte mit der Hand auf den breiten Gepäckträger, der es möglich gemacht hatte, dass sie es zu zweit benutzten. Mit einem Rest Nüchternheit fanden sie an Deck schnell ein Versteck und verabschiedeten sich von mir, um schlafen zu gehen.

Weil es keinen Zweck hatte, mit ihnen ein Gespräch über das Fahrrad zu beginnen, legte auch ich mich gegen 22:00 Uhr in die Koje. Ich muss gerade eingeschlafen sein, als ich etwa eine halbe Stunde später barsch geweckt wurde. Der Erste Offizier, zwei Polizisten und zwei Australier in Zivil standen an meinem Bett und erklärten mir: »Wir suchen ein Rad.«

Ich musste mitkommen, obwohl ich in meiner Schlaftrunkenheit total ahnungslos sein wollte. Sie fanden das Rad schneller unter einer Plane, als ich mich überhaupt erinnern konnte, jemals ein Rad auf einem Schiff gesehen zu haben.

Zuvor war das passiert: Die beiden Matrosen hatten den Wachposten am Hafentor nach einem Maulschlüssel gefragt, weil sie am Rad einen Defekt beheben wollten. Dem Wachmann kam die Sache komisch vor, da der Ozean keine Landstraßen hat und ein Schiffsdeck ungeeignet zum Radfahren ist. Er spionierte den beiden nach, um zu sehen, auf welches Schiff sie das Rad bringen wollten. Dann rief er die Polizei. Und so kam es, dass ein paar Minuten später die Staatsgewalt am Bett des Bootsmanns standen – und das war ich.

Mit dem Rad allein war die polizeiliche Delegation noch nicht zufrieden. Sie wollten auch die Diebe haben. Der Portgate-Wachmann hatte sich die Gesichter gut eingeprägt, leuchtete nun mit seiner Taschenlampe in allerhand schlafende Gesichter – und fand die beiden Fahrraddiebe heraus, ohne die gesamte Crew aus dem Schlaf reißen zu müssen.

Und damit verlor unsere Besatzung zwei Matrosen, die nicht nur 600 D-Mark Strafgeld zahlten, sondern über ihre schändliche Tat noch sechs Wochen im Gefängnis von Fremantle nachdenken sollten, bevor sie von dort nach England deportiert wurden.

Einem anderen Matrosen – diesmal ein Deutscher – stieg der australische Alkohol derart zu Kopf, dass er Amok lief. Dieser Trunkenbold bewaffnete sich mit einem Beil – und los ging es. Ein paar Bullaugen gingen zu Bruch und auch die gläserne Salontür wurde in einen Scherbenhaufen verwandelt.

Nach dieser Tat flüchtete der Amokläufer in die Stadt. Unser Kapitän informierte sofort die

Polizei. Eine Ringfahndung wurde eingeleitet, um den Irren zu stoppen. In einer Schankstelle der Innenstadt wurde er gestellt. Dort saß er friedlich vor seinem Bier, hatte offenbar seinen Alkohollevel auf eine friedlichere Ebene gebracht, doch die Axt lehnte noch neben dem Barhocker am Tresen.

Die Handschellen klickten. Ab ging die Post in den Knast. Drei Monate Gefängnis, lautete das schnelle Urteil der australischen Justiz. Das war der dritte Matrose, der unser Schiff wegen krimineller Delikte verlassen musste.

Jetzt war es besser, dem Kapitän aus dem Wege zu gehen. Seine Nerven lagen blank und seine Reaktionen auf Unstimmigkeiten waren nah an Wutausbrüchen, sodass mancher sich fragte, ob Amoklauf auch ansteckend sein könnte.

Einen Tag vor unserer Abreise hatte ich mit einem griechischen Matrosen eine kleine Rangelei an Deck. Ausgangspunkt war unsere Meinungsverschiedenheit über die drei Übeltäter. Bei mir führte die Auseinandersetzung zu einer Augenbrauenverletzung, die ich nicht so ernst nahm wie der Kapitän. Er schickte mich sofort an Land, damit ich einen Arzt aufsuche. Der Arzt nähte die offene Wunde, was schmerzhafter war als die Schlägerei. Da es an Bord keine ärztliche Betreuung gab, wollte er kein Risiko eingehen und meinte, das Schiff müsse ohne mich abfahren. Die Nähte müssten von einem Fachmann gezogen werden, den aber gab es auf unserem Kurs erst in Singapur.

Mir gefiel das alles überhaupt nicht – viel zuviel Aufwand für diese »kleine Schramme«. Als der Kapitän davon hörte, war er einem Herzanfall nahe. Er tat mir leid. Doch schließlich galt auch für ihn: Der Doktor hat das letzte Wort.

Ich ging mit Gepäck, Papieren und genähtem Kopf von Bord. Dem Kapitän blieb nichts anderes übrig: er musterte vier neue Matrosen an.

Meine neue Unterkunft war das Seemannsheim »The Flying Angel«. Hier sollte ich zehn Tage Gast sein. Es waren wunderschöne Urlaubstage. Essen und Trinken vom Besten. Tagsüber ließ ich mir am Strand die Sonne auf den Bauch scheinen. Die Fäden meiner Stirnwunde wurden gezogen. Die Narbe heilte. Ich wartete ohne Eile auf das Schiff, das mich nach London bringen sollte.

Passagierschiff »Oronsay« – von Australien nach London.

Noble Passagierfahrt Richtung Heimat

Das englische Passagierschiff »Oronsay« war ein Traumschiff. Zwei Schrauben ragten aus Parsons Getriebe-Dampfturbinen und schoben das 27000-BRT-Schiff mit einer Reisegeschwindigkeit von 22 Knoten (41 km/h) über die Meere. Über 1500 Passagiere waren an Bord, die Besatzung war 780 Mann stark. Ich musste mir eine große Kabine mit sechs Stewards teilen und durfte mich nur innerhalb der Besatzungsräume aufhalten. Dazu gehörte eine eigene Bar, ein Bordkino und für den Wettstreit untereinander wurden Dart-Turniere ausgetragen. Langeweile gab es nicht.

Wenn ich Geld brauchte, bügelte ich die Hemden und Hosen der Stewards. Dadurch konnte ich meine Getränke an der Bar selbst bezahlen. Offiziell durfte ich an Bord nicht arbeiten. Die Überfahrt wurde von der Reederei bezahlt.

Das Sonnendeck der Besatzung war das Vorschiff. Dies war mein Lieblingsplatz. Durch den Fahrtwind war die Hitze der Sonne kaum zu spüren. Die Farbe meiner Haut tendierte zu schwarz. Einmal wagte ich einen Ausflug in den Passagierbereich. Dort war Musik und ich wollte einmal mittanzen. Aber ich wurde vom Bord-Sheriff entdeckt und mit hartem Griff zurück in meine Kabine gebracht. Später habe ich es noch einmal gewagt und wurde erst nach zwei Stunden erwischt. Jetzt wurde es ernst. Man brachte mich zum Staffcommander.

Der zählte mich aus: »Sie sind Gast im Bereich der Besatzung. Wenn Sie zum dritten Mal im Passagierbereich erwischt werden, setze ich Sie im nächsten Hafen an Land und Sie können selbst zusehen, wie Sie dann weiterkommen.«

Das nahm ich mir zu Herzen.

Diese Traumreise dauerte vier Wochen. Als besondere Highlights für die Passagiere, wurden noch ein paar Seehäfen angelaufen. Wenn es auch für manche von ihnen eine Linienfahrt war, so war es doch so etwas, was wir heute eine »Kreuzfahrt« nennen. Es ging durch den Suez-Kanal ins Mittelmeer, wo auf der europäischen Seite auch in einigen Häfen angelegt wurde. Diese Landgänge durfte auch ich mitmachen.

Als wir in London ankamen, sollte ich mich gleich beim Shipping-Master melden, der sein Büro unweit des Hafens hatte. Dort erhielt ich eine Fahrkarte für die Bahnfahrt nach Harwich, wo ich auf die holländische Kanalfähre »Arnhem« gehen sollte.

Das erwies sich als schwierig, denn dort war ich weder angemeldet, noch hatte ich genügend Geld. Ich ging zum Büro der Fremdenpolizei. Auch dort zuckte man mit den Schultern, doch nach einem Anruf in London wurde mir geholfen und das Fährschiff brachte mich nach Hoek van Holland.

Doch wieder hatte ich eine Endstation erreicht, weil das gewechselte Geld nur knapp zwanzig Gulden war. Zu wenig für die Fahrt nach Hamburg. Die Beamten zeigten sich wenig hilfsbereit, schüttelten nur mit dem Kopf und meinten: »Frage deine Freunde. Sie können Geld schicken.«

Es war mehr aus Verzweiflung, dass ich in meinem Notizbuch nach einer Adresse suchte. Mir fiel ein, dass ich einmal in Rotterdam eine Freundin hatte, bei der ich 300 Gulden deponierte, weil ich dachte, dass ich spätestens in einem Monat wieder bei ihr wäre. Da wurde nichts draus – und jetzt fiel mir ihr Name erst wieder ein, als ich das Notizbuch halb durchgeblättert hatte und ihn geschrieben vor mir sah – Nelly! Sogar mit Telefonnummer, wo ich sie erreichen konnte.

Das wollten die Beamten dann für mich erledigen. Ich sollte im Vorzimmer warten. Nach einer Weile kam einer der Beamten zurück und erklärte mir, dass meine Freundin auf dem Rotterdamer Bahnhof die Fahrkarte für mich bezahlt und auf mich wartet. Er gab mir eine abgestempelte Bescheinigung, die ich dem Fahrkartenkontrolleur zeigen sollte und schrieb mir die Abfahrt- und Ankunftszeit drauf.

»Nicht vergessen: Sie wartet auf dich!«, sagte er eindringlich zu mir.

Nein, das würde ich ganz bestimmt nicht – schon wegen der dreihundert Gulden. Und während ich in der Bahn Richtung Centralstation Rotterdam saß, überlegte ich, wie sie ausgesehen hatte und ob sie mich wohl erkennen würde. Mit meinem sonnenverbrannten Gesicht könnte sie mich ebensogut für einen fremden Inder oder Marokkaner halten.

Als ich vom Bahnsteig in die Halle ging, kam sie mir entgegen und ich erkannte sie sofort.

»Hallo Nelly!«, rief ich.

Sie stutzte. »Bist du Erwin?«

»Und du mijn lieve Nelly-Meisje?«, fragte ich so, wie ich sie immer genannt hatte.

Da musste sie lachen: »Jetzt erkenne ich dich. Warst du zu lange in der Sonne oder musst du unter die Dusche?«

»Zu viel Sonne. Aber die Dusche ist eine prima Idee. Alles andere ist eine lange Geschichte ...«

Sie zu erzählen, brauchte ich drei Tage. Dann waren auch die 300 Gulden, die sie mir tatsächlich komplett in die Hand zählte, soweit aufgebraucht, dass der Rest noch für eine Bummelzug-Fahrkarte nach Hamburg reichte.

Über ewige Treue habe ich mit Nelly nicht mehr gesprochen. Irgendwie hatte die Situation bewiesen, dass es nicht zu uns passte.

*

»My Home is my Castle«, sagt der Engländer und ich fand diesen Spruch in Ordnung, weil wieder einmal von der christlichen Seefahrt die Nase voll hatte – bis ich die Jobs an Land auch nicht besser fand.

Dann juckte es in meinen Knochen. Dagegen half nur ein Schiff. Ich musste wieder auf See!

Mit »St. Essylt« auf Südamerika-Kurs

Landgang in Buenos Aires

Ich konnte sozusagen vor der Haustür einsteigen. Die »St. Essylt« von der Londoner South American Saint Line fuhr im Linienverkehr zwischen Europa und Südamerika. Salvador in Bahia, Rio des Janeiro, Santos, Montevideo, Rosario und Buenos Aires waren die südamerikanischen Häfen. Eine Rundtour dauerte drei Monate.

Wir waren zwei deutsche Matrosen an Bord. Das Küchenpersonal war chinesisch. Der Rest waren Engländer, Schotten, Iren und Walliser.

Mit den Chinese hatte ich schnell Freundschaft geschlossen, denn sie hatten eine eigene Speisekarte, die mit Curry und Reis meinem Gaumen besser gefiel als das, was die englischen Insulaner auf den Tellern hatten.

Auf unserer Tour schauten mein deutscher Matrosenkollege und ich uns beim Landgang gut danach um, was die Leute in Südamerika aus Nordeuropa gebrauchen konnten. Das kauften wir dann billig bei unserem europäischen Schiffshändler ein, um es bei südamerikanischen Landgängen zu verkaufen. So hatten wir einen kleinen Exporthandel, mit dessen Ertrag wir unsere Landgänge etwas fröhlicher gestalten konnten.

In Santos wollte mich eine feurige Brasilianerin heiraten. Sie war die Chefin eines Nachtclubs und ihre Eltern besaßen ein riesiges Restaurant in São Paulo. Zweifellos eine gute Partie, doch ich hätte sie kaum über die Schwelle tragen können; mit ihren prallen zwei Zentnern war sie zu schwer für mich.

Eine unkompliziertere Begegnung hatte ich in Rosario, rund 300 Kilometer landeinwärts am Rio Paraná. Dort lernte ich viele Deutsche kennen. Sie gehörten zur Besatzung der »Admiral Graf Spee«. Der Panzerkreuzer ist im Zweiten Weltkrieg im Seegefecht vor dem Rio de la Plata stark beschädigt worden und war zur Reparatur nach Montevideo gefahren. Aufgrund von Falschmeldungen hielt Kapitän Hans Langsdorff die Lage für aussichtslos und sprengte das Schiff am 17. Dezember 1939. Die Besatzung war zum größten Teil schon von Bord gegangen, die Letzten gingen vor der Versenkung an Land. Kapitän Langsdorff nahm sich drei Tage später in Buenos Aires das Leben. Die übrigen Besatzungsmitglieder belebten das Gebiet mit deutschen Siedlungen.

Als ich in Rosario auftauchte, war die Freude groß, denn ich brachte aus Hamburg ein Fass Salzheringe mit, die wir gemeinsam verspeisten. Welch eine Leckerei, wenn man sonst nur Riesen-Welse aus dem Rio Paraná fischte!

Auch in Rosario wollte mir ein alter Graf-Spee-Kämpfer seine Tochter anvertrauen. Doch die Aussicht, den Rest meines Lebens in der Pampa zu verbringen, gefiel mir nicht. Ein Abschied mit Tränen, doch als wir zurück in der Mündungsbucht des Rio de la Plata waren, hatte ich sie vergessen..

Wir legten in Buenos Aires an. Dort hatten wir bald in der 25. de Mayo unser Stammlokal. Die ganze Nacht über tanzten wir Tango. Feurige Mädchen brachten es uns bei. Den Rest besorgte der Cincano. Eng umschlungen saß ich mit einem Tango-Mädchen in einer Bar-Nische und vergaß die übrige Welt mit ihren Terminen. Als es mir einfiel, dass das Schiff an diesem Tag auslaufen sollte, löste ich mich nur ungern aus ihrer Umarmung – und als ich am Kai ankam, war der Liegeplatz der »St. Essylt« leer. Das Schiff war ohne den Matrosen Erwin ausgelaufen.

Es blieb mir nichts anderes, als am nächsten Tag mit hängenden Schultern zum Agenten der Reederei zu gehen.

»Der Kapitän hat noch eine Weile gewartet«, erzählte mir der Agent. »Sie haben sogar den Bordhund losgejagt, um mich zu suchen.«

Als mich auch der Köter nicht finden konnte, hieß es »Leinen los«. Meine Sachen waren noch an Bord. Nur die Papiere hatte der Kapitän dem Agenten übergeben. Der wies mich in ein Seemannsheim ein. Dort sollte ich solange wohnen, bis das nächste Reederei-Schiff käme. Die »St. Rosario« sollte mich dann aufnehmen – drei Monate später. Ich hoffte, dass mich das Schiff nicht zur Stadt ihres Namens bringen würde.

Für Essen und Schlafplatz brauchte ich nichts zu bezahlen. Was aber sollte ich all die Tage machen? Tagsüber badete ich im La Plata. Für abends hatte ich noch etwas Geld in der Tasche.

*

Eine Tages, als ich müßig am Strand von Quilmes lag, merkte ich, dass andere Badegäste unruhig wurden. Sie zeigten mit den Fingern hinaus aufs Wasser. Dort trieb ein dunkler Punkt im Wasser – wahrscheinlich ein Fußball. Und typisch für die jungen Burschen: Keiner will den Ball wieder ans Ufer holen. Also spielte ich den Helden. Ich musste knapp 150 Meter schwimmen. Es schien, dass der Ball schon Tang angesetzt hatte. Noch drei kräftige Züge und ich hatte ihn …

Das war kein Ball! Ich hatte einen toten Menschenkopf in den Händen. Der Schreck fuhr mir wie ein Blitz in die Knochen. Ich schluckte Wasser, strampelte mit den Beinen – und sagte mir schließlich: »Erwin, bleib ruhig, sonst bist du selbst tot.«

Mir blieb nichts anderes übrig – ich musste diese Leiche an Land bringen. Die Feiglinge standen bereits am Ufer und warteten auf meine Rückkehr. Der Tote hatte Auftrieb, so war es für mich leicht, an der Oberfläche zu bleiben. Sogar das Schwimmen war dadurch ohne besondere Anstrengung.

Ein Pritschenwagen der Polizei stand schon bereit, und viele Hände halfen, den Toten aufzuladen. Es war ein zwölfjähriger Junge.

Ich fuhr mit zur Wache und erfuhr, dass es immer wieder passierte, dass Nichtschwimmer im La Plata ertranken. »Der seichte Strand fällt senkrecht ab. Dort fahren die Schiffe. Allgemein kennen wir diese Gefahr, aber viele denken, sie können da ja noch stehen – und dann ist es plötzlich ein Schritt zuviel«, erklärte mir ein Polizist.

Als ich dem Seemannspastor davon berichtete, hat er mit mir erst einmal ein langes Gebet zelebriert. Ob es dem Jungen geholfen hat?

*

Mein Geld ging zur Neige. In der Seemannsmission war jeden Abend Tanz angesagt. Man konnte sich dort auch Bier kaufen – ich aber nicht. Der Agent gab mir kein Geld, auch nicht auf Vorschuss. Ich musste mir etwas verdienen, aber wie und wo? Ich erfuhr, dass es in Buenos Aires eine deutsche Zeitung gab. Darin ging ich die Arbeitsangebote durch und entdeckte die Firma Quilmes. Sie stellten Fenster-Rollos her.

Erfreut stellte ich bei meinem Besuch fest, dass nicht nur der Chef ein Deutscher war, auch alle Mitarbeiter hatten deutsche Wurzeln.

Ich wurde sofort eingestellt, und als ich dem Chef meine finanzielle Situation erklärte, war er bereit, mir jeden Abend den Tageslohn auszuzahlen. Was für ein schönes Gefühl, wenn man am Abend sein Bier bezahlen kann!

Eine dreiviertel Stunde dauerte die Busfahrt zur Rollo-Fabrik, doch meine Langeweile war wie weggeblasen. Von den Kollegen wurde ich regelrecht herumgereicht. Jeder wollte mich einmal bei sich zu Hause haben, um etwas über Deutschland zu erfahren.

Mein Selbstbewusstsein stieg und ich lernte am Strand eine hübsche Argentinierin kennen. Am Wochenende machten wir bescheidene Ausflüge, die ich als Kavalier bezahlte. Meine Tage waren ausgefüllt, doch auch dieses Treiben sollte sein Ende haben.

Das Reederei-Schiff hatte in Buenos Aires festgemacht. Ich sollte sofort an Bord erscheinen. Jetzt war ich der einzige Deutsche an Bord. Man gab mir Arbeitszeug und Bettwäsche; meine Sachen waren immer noch auf der »St. Essylt«. Doch jetzt war ich auf der Rückreise nach Europa. Besser so für mich. Wer weiß, wo ich sonst wieder hängengeblieben wäre.

Trockenmatrose

Nach sechs Wochen Seefahrt hatte mich mein Heimathafen Hamburg wieder in seine liebevollen Arme genommen. Nur der Heuerbas machte ein verkniffenes Gesicht, als er in meiner Akte blätterte. »Mein lieber Erwin«, sagte er und fand mich durchaus nicht lieb, »was kneifst du dir bloß immer für Sachen ab. Das geht ja auf keine Kuhhaut.«

Mutter, Stiefvater und Brüder waren gleicher Ansicht und rieten mir dringend, erst einmal nicht mehr zur See zu fahren.

»Arbeite an Land und ernähre dich redlich!«, hatte Mutter sich für mich als familiäres Gesetz ausgedacht. Der Hafen wurde meine Zuflucht. Dort gab es reichlich Arbeit, aber mit meinem Matrosenberuf konnte ich dort nicht viel anfangen. Mit anderen Worten: Als Trockenmatrose musste ich jede Arbeit annehmen, die sich bot: Hafenarbeiter, Werftarbeiter, Deckmatrose auf der Fähre nach Finkenwerder, Anstreicher, Schiffs- und Kesselreiniger – all dies tat ich mit dem Gefühl, der falsche Mann am falschen Platz zu sein. Mit Schiffahrt hatten all diese Jobs nur ganz am Rande zu tun. Ich kam mir vor wie ein Huhn, das am Zaun hin und her läuft und nicht an die Körner kommt.

Schließlich warf ich das Handtuch und rief eine Familien-Krisensitzung ein. Das Ergebnis: die Familie sah ein, dass ich den Wind um die Ohren brauchte. Aber nicht gleich um die halbe Welt. Wir haben ja schließlich auch die Nordsee und den Heringsfang. Das hatte ich bisher noch nicht. Ein alter Kohle-Steamer sollte es sein. Drei Wochen Shetland und Dogger Bank.

Diese Fahrt glich einem Strafkommando. An Bord herrschte die Hackordnung – und selbst Windstärke zwölf war kein Grund, nicht zu Fischen. Im Vorschiff war der Schlafraum für die gesamte Mannschaft, doch an Ausschlafen war nicht zu denken. Schon bald dröhnte die Stimme des Kapitäns durch den Raum: »Alle Mann an Deck!«

Dann hieß es wieder Zupacken – Netze einholen – Beifang aussortieren – Heringe schlachten. Und das Schiff turnte durch die Wellenberge. Mir war kotzübel und die Gummistiefel bis zum Rand mit Seewasser, Tang und fischigem Getier gefüllt. Bis ich wieder in die Koje sank, um wieder etwas Wärme aufzutanken, denn in der Mitte des Raum stand ein Kohleofen, der den Fisch- und Schweißgestank mit Rauch würzte. Dieser Mief ging mir nicht mehr aus der Nase.

Immer wieder im gleichen Arbeitstrott: Wenn das Netz in der See war, hieß es, den vorigen Fang sortieren und Fische schlachten. Wie arbeiteten mit den Messern wie Killer-Roboter.

Für die Möwen war der Abfall ein Festessen, um das sie sich noch kreischend zankten. Dann grinste der Kapitän vor guter Laune. Er strahlte über beide Ohren und feuerte uns an: »Haut rein, Jungs! Gleich können wir das Netz wieder einholen.« Er hatte die zappelnden Heringe wohl als Silberbarren gesehen.

Für mich stand fest: Nur diese eine Reise! Nach drei Wochen habe ich abgemustert. Immerhin hat der Fangquote nicht in Heringen ausgezahlt. Doch deren Geruch hatte noch drei Wochen danach in der Nase. Vielleicht auch alle, die in meine Nähe kamen.

Flussfahrt durch Deutschland

Wie wär's denn mal mit Binnenschifffahrt? Das ist doch mal eine gemütliche Alternative zur rauen See, sagte ich mir. Statt der weiten Welt wollte ich nun das schöne Deutschland kennenlernen. Fern der Küste und statt unendlichem Blick bis zum Horizont jetzt grüne Wiesen und verträumte Städte mit kleinen Anlegestellen. Kneipen, in denen sich Schlepperkapitäne und wasserscheue Flussschipper treffen. Und dafür sollte ich auch noch Geld bekommen!

Also packte ich meinen Zampel und fuhr nach Lauenburg an der Elbe, um mich beim Binnenreeder Burmeester vorzustellen, den man den »Onassis von Lauenburg« nannte, weil er eine riesige Binnentanker-Flotte besaß.

Vorgestellt und angemustert erhielt ich eine Fahrkarte, mit der ich nach Duisburg reiste, um dort auf der »Hugo Burmeester« in Dienst zu gehen.

Ich war schneller dort als das Schiff. Die Wartezeit verbrachte ich in einer kleinen Kantine am Kai. So musste ich nicht dursten, denn mein Bierglas wurde von dem aufmerksamen Wirt stets nachgefüllt.

Es war schon spät am Nachmittag, als das Schiff eintraf. Als es vertäut am Ufer lag, nahm ich meinen Seesack über den Arm, um arbeitseifrig an Bord zu gehen.

Das Ufer hatte eine schräge Steinböschung – das war mein Pech. Ich rutschte bereits mit dem ersten Schritt aus und konnte mich nur an meinem Seesack festhalten. Als ich unten ankam, hatte mein Schädel eine zehn Zentimeter große klaffende Wunde, aus der das Blut breit und rot herausfloss und sich über mein Gesicht ergoss. Es wollte einfach nicht aufhören zu bluten.

Der zweite Matrose des Kahns nahm mich gleich mit in seine Kabine. Er schien zu wissen, was jetzt zu tun war. Zuerst schnitt er mir die Haare rund um die Wunde ab. Dann wurde die Leckage mit Mehl zementiert, um das Blut zu stoppen. So versorgt, wurde mein Schädel knochenhart. Der Kapitän wollte mich unbedingt an Bord behalten. Das Schiff war unterbesetzt; ich war der dritte Mann an Bord, deshalb musste ich unbedingt mit.

Zwei Wochen lang trug ich einen weißen Turban. Lachend nannte man mich den »Maharadscha von St. Pauli«. Ich fand das gar nicht witzig. Ich hätte ihn tragen sollen, als ich an Bord ging, das wäre bei dieser Kai-Rutsche angebracht.

Die Binnenschifffahrt aber gefiel mir. Deutschlands Landschaft ist sehr abwechslungsreich. Wir fuhren immer nur am Tage. Die Schleusen wurden ab 22:00 Uhr nicht mehr bedient. Dadurch ergab sich für jeden Tag Feierabend-Landgang.

Sonntags wurde gar nicht geschleust. Jetzt hatte ich reichlich Zeit, mir die Gegend anzuschauen. Burgen, Klöster, Schlösser und andere Sehenswürdigkeiten waren mein Ziel.

Es gab nicht nur viel zu sehen – auch das Bier war interessant, hatte doch bald jedes Dorf sein eigenes Bier. Wo es mir nicht schmeckte, trank ich Wein, der war immer gut.

An Bord musste ich selber kochen und tat es gleich für unser komplettes Bord-Trio aus Schipper mit seinen beiden Matrosen. Ab und zu kam ein Proviantboot längsseits, das uns die Lebensmittel teuer verkaufte. So aber brauchten wir nie an Land einzukaufen – Bequemlichkeit hat seinen Preis.

*

Als wir eines Tages nahe Koblenz vor Anker gingen, durften wir aus Sicherheitsgründen mit unserer Benzin-Ladung nicht an den Kai. Für solche Fälle hatten wir ein kleines Ruderboot, das die Binnenschiffer Nachen nennen. Während ich mich mit meinem besten Anzug für Koblenz landfein gemacht hatte, wollten der Schipper und mein Matrosenkollege sich lieber an Bord auf die faule Haut legen, Koblenz kannten sie schon, und so wünschten mir einen schönen Abend und eine gute Überfahrt mit dem Nachen.

Es dunkelte schon, als ich mich stehend wie ein Gondoliere mit dem Paddel dem Ufer zu friggte. Es waren nur etwa achtzig Meter.

Der Rhein hatte zu dieser Zeit noch reichlich Verkehr – und plötzlich brachte die Bugwelle eines größeren Schiffs meinen Kahn zum schaukeln. Plumps! – fiel ich ins Wasser. Mein Anzug wurde zum Badekostüm, Boot und Paddel trieben in der Strömung davon. Und ich schwamm wie um mein Leben hinterher, um erst einmal das Paddel zu erwischen. Unterstützt von der Strömung konnte ich mit kräftigen Schwimmzügen auch das Boot einfangen.

Mit dem Paddel schaffte ich es, mich ins Boot zu schwingen und peilte nun paddelnd das rettende Ufer an. An Land musste ich den Nachen dann eine ziemliche Strecke stromaufwärts ziehen. Am Ufer standen applaudierende Leute und begleiteten mich pudelnassen Schiffbrüchigen johlend bis zu der Höhe, wo ich wieder ins Boot steigen konnte, um zurück auf »Hugo Burmeester« zu paddeln. Die kreischende Menge klatschte Beifall. Ob sie ahnten, wieviel Kraft es kostete, jetzt gegen die Strömung auch beim Schiff anzukommen.

Meine Hoffnung, dass man mich ankommen sah und helfen würde, an Bord zu kommen, ging nicht auf. Die beiden saßen unter Deck beim Bier und in dem Glauben, dass ich in Koblenz einen Schoppen Wein vor mir hatte.

Ich klammerte mich an der Reling fest und schrie um Hilfe. Mir war, als hätte ich mit den nassen Klamotten das doppelte Gewicht. Mein

Hilferuf wurde schließlich erhört, Mann und Nachen wurden wieder an Bord gebracht.

»Hast du denn noch trockenes Zeug mit, oder willst du jetzt gar nicht mehr rüber?«, fragte mein Kollege und der Schipper erkundigte sich, ob ich nach dem Rheingold tauchen wollte.

Mit juckte die Hand, aber so diskutiert man nicht in einer Drei-Mann-Crew.

So lernte ich die Tücken des »Vater Rhein« kennen, andere sollten es später erleben.

*

Ostern 1962 hatten wir zwei Reedereischiffe als »Päckchen« zusammengetäut und lagen bei Köln an der Rheinlust, dem Platz für Tankschiffe. Unsere Schiffe waren leer. Damit sie im Wellengang nicht zusammenschlagen, hatten wir außenbords Fender angebracht.

In diesem Jahr war es zu Ostern sehr warm. Junge Leute, die es nicht abwarten konnten, lud der Rhein zum Baden ein – die etwas Älteren, zu denen ich gehörte, fühlten sich von der Altstadt angezogen. Mir schmeckte das Kölsch bis zum Morgen. Und als ich am frühen Morgen des Ostermontags bei Sonnenschein zu meinem Schiff schlenderte, liefen vor mir drei junge Männer in Badehosen über den Steg. Auch sie hatten genug Kölsch in sich, um den Sprung in den Rhein zu wagen.

Als ich mein Schiff erreicht hatte, hörte ich ein Geschrei, worauf ich mir zunächst keinen Reim machen konnte. Dann sah ich, dass sich einer der drei Jungen an der Ankerkette festkrallte, mit der wir das Schiff für eine längere Liegezeit gesichert hatten. Wieder schrie er laut um Hilfe.

»Was ist denn los?«, wollte ich wissen. »Kann ich helfen?«

Aufgeregt rief er: »Meine Freunde wollten zwischen den Schiffen durchschwimmen und müssten längst durch sein. Das ist ja so eng. Vielleicht sind sie eingeklemmt.«

Verdammt! Das war wirklich gefährlich. Auch wenn ein Schiff nur leicht dümpelt, bewegt es doch sein tonnenschweres Gewicht. Kein Mensch kann das aushalten. Ich rannte auf dem Schiff zum Heck und sah einen Kopf auftauchen. Ich zog diesen Kampfschwimmer an Land. Er hatte die Gefahr wohl rechtzeitig erkannt und war abgetaucht. An der Schulter hatte er eine Schürfwunde, doch die hatte er anscheinend im Schock noch gar nicht wahrgenommen.

»Wir sind beide zur gleichen Zeit durchgeschwommen«, sagte er. Ich fragte nach dem dritten Schwimmer. »Der kann lange tauchen«, sagte er noch ganz benommen.

Doch der dritte Schwimmer tauchte nicht mehr auf. »Vielleicht ist er mit der Strömung abgetrieben«, meinte der Gerettete mit schwacher Hoffnung.

Über einen Feuermelder, der am Ufer stand, rief ich polizeiliche Hilfe herbei. Sie kamen schnell und brachten auch zwei Polizeitaucher mit, um sich die Schiffe von unten anzusehen.

»Nichts!«, war ihre knappe Meldung, als sie wieder auftauchten und auch auf die Frage, ob er abgetrieben und jetzt irgendwo im Rhein schwimmen könnte, hatten sie nur ein Kopfschütteln. »Wenn ein Mensch zwischen zwei Schiffe kommt, dann ist er verloren. Ein Wunder, dass hier einer davongekommen ist, das gibt es nicht zweimal«, kommentierte einer der Taucher. »Ich wollte, ich könnte Ihnen etwas anderes erzählen.«

Die Kollegen hatten den zweiten der jungen Männer von der Ankerkette befreit. Kreidebleich und immer noch zitternd sagte er: »Wir sind über Ostern nur zu Besuch in Köln. Das Wetter war so verlockend, es mit einem Bad im Rhein zu verbinden. Wir wussten nicht, dass er solch eine starke Strömung hat.«

Dieser Vorfall saß mir noch lange in den Knochen und kam mir noch einmal hart ins Gedächtnis, als ich zwanzig Tage später in einer Zeitung las, dass der leblose Körper eines jungen Mannes weit rheinabwärts von Köln ans Ufer getrieben war.

*

Während meiner neunmonatigen Rhein-Schiffahrt wechselte ich mehrmals die Schiffe innerhalb der Burmeester-Reederei. Auf einem Schiff fuhr die Frau des Schippers mit. Sie brachte uns morgens während der Fahrt immer den Frühstücks-Kaffee ins Ruderhaus. Einmal warteten wir schon recht lange auf den morgendlichen Muntermacher.

Dem Schipper kam das komisch vor. »Übernimm du mal das Steuer, Erwin«, sagte er. »Ich seh mal nach, wo meine Frau steckt.«

Nach einer ganzen Weile kam der Schipper wieder ins Ruderhaus. »Erwin«, sagte er besorgt, »ich kann meine Frau nirgends finden. Wir haben sie doch nicht am Kai stehen lassen …«

Schnell durchsuchte wir noch einmal das Schiff, riefen nach ihr. Nichts! – Was nun?

Sofort ließen wir den Anker ins Wasser und benachrichtigten die Polizei. Die setzten eine Suchmeldung ab und kamen schnell zu uns, um nähere Umstände zu erfassen.

Anhand von Spuren am Deck und in der Pantry ergab sich folgender Sachverhalt: Die Frau des Schippers hatte Kaffee gekocht und war auf dem Weg ins Ruderhaus. Mit Kaffee und Tassen auf dem Tablett hatte sie keine Hand frei, um sich festzuhalten. Als eine Welle – verursacht durch ein anderes Schiff – unseren Tanker schaukeln ließ, verlor sie das Gleichgewicht, konnte sich nirgends festhalten und stürzte über die niedrige Reling des Achterschiffs in den Rhein.

Sollte sie um Hilfe gerufen haben, so konnten wir ihren Aufschrei im Ruderhaus nicht hören, dazu war das Motorengeräusch zu laut.

»Die Strömung ist hier sehr stark und wird sie gleich mitgerissen haben …«, konstruierte ein Polizist den Fortgang und brach den Satz ab.

Wir wussten, was das zu bedeuten hatte.

Wir banden das Schiff am nächsten Steg an. Der Schipper ging von Bord. Schweigend drückten wir ihm die Hand.

Wir meldeten das Unglück nach Lauenburg. Von dort schickte man einen neuen Schipper, der mit uns die Fahrt fortsetzte.

»Vater Rhein« war mir unheimlich geworden. Bei nächster Gelegenheit musterte ich ab und fuhr mit der Bahn nach Hamburg.

Ich brauchte Erholung.

Auf kleiner Fahrt

Nach meinem Urlaub fuhr ich wieder los. Ich musterte nur noch für kleine und mittlere Fahrt an – Nordsee, Ostsee und einmal auch ins Mittelmeer.

Die Reedereien waren Essberger, Haltermann, Slomann, De Fries, E. Drescher, Globus, Gehrkens, R.A. Oetker, Atlantik-Reederei, Stinnes und Harmstorf.

Es waren meistens kleine T2-Tanker, die in den USA wie vom Fließband gefertigt wurden. Auch der Tanker »Roland Essberger« war aus dieser Serie – und wie fast alle Schiffe, auf denen ich in den letzten Jahren anmusterte, liefen auch dieser Tanker immer wieder Hamburg an.

Am 7. August 1966 musterte ich ab – zwei Tage nach meinem 33. Geburtstag beendete ich meine

»Roland Essberger« sollte das letzte Schiff meiner Fahrenszeit sein.

Karriere als Seemann – oder sollte ich vielleicht besser von siebzehn wilden Abenteuer-Jahren reden, unterwegs auf den Meeren und auf Landgang in vielen Ländern unserer schönen Welt.

Eine Seefahrts-Epoche ging ihrem Ende entgegen – aber das hatte nichts mit mir zu tun. Es war zehn Jahre her, dass Malcom McLean mit 58 Containern an Bord die »Schachtel-Schiffahrt« begann. Es hat nichts geholfen, dass wir diese Art des Seehandels verspotteten. Der 40-Fuß-Container erhielt die ISO-Norm 668 und wurde zum internationalen Standard: 12,192 Meter lang, 2,483 Meter Breit und 2,591 Meter hoch.

33,2 Quadratmeter fasst der kleinere 20-Fuß-Container »TEU« (Twenty Foot Equivalent Unit), 67,7 m^3 der FEU, und wer noch etwas mehr braucht nimmt den High Cube mit 7,6 m^3.

Heute kann man bis zu 4000 Container computergesteuert in acht Stunden abräumen und neu laden. Da bleibt keine Zeit für »auf der Reeperbahn nachts um halb eins«.

Die seefahrtsromantischen Shantys besingen die Vergangenheit, als wir zum Löschen und Laden oft mehrere Wochen am Kai lagen. Im Vergleich zu den Container-Riesen, fuhren wir mit Cargo-Boten aus der Spielzeugkiste um die Welt.

Wechsel in ein anderes Leben.
So sollte die Matrosenzeit zu Ende gehen:
Statt mit der »Jahra« aus London im Hafen von Port Said.
Jetzt Bürgerlichkeit an Land:
Im Büro und sonntags mit Schlips und Kragen.

Landgang auf Raten

Schluss mit der Seefahrt – Hamburg sollte mich wiederhaben. »Du kannst dich doch nicht dein ganzes Leben lang irgendwo in der Welt rumtreiben«, hatte meine Mutter gesagt. Und wenn es auch sonst nicht oft vorkam, diesmal gab ich ihr recht. Ich hatte viel erlebt und viel gesehen, jetzt wollte ich ein eigenes Zuhause haben. »Mit Frau und Kind, wie es sich gehört«, ergänzte meine Mutter.

Nicht, dass ich mich danach gerichtet hätte. Aber Ewa wohnte gleich um die Ecke. Wir kannten uns von Kindheit an. Und wenn ich während meiner Matrosenzeit mal zu Hause war, fragte sie mich nach meinen Erlebnissen aus.

Als wir uns durch meine kürzeren Fahrten in Nordsee und Baltikum immer öfter über den Weg liefen, gab es nicht mehr so viel darüber zu erzählen. Ihr Interesse an mir hatte jedoch nicht nachgelassen. Erst recht, als ich ihr gestand, dass mein Bedarf an christlicher Seefahrt inzwischen gedeckt sei.

»Ich will an Land bleiben.«

»So richtig für immer?«, fragte sie ungläubig.

Ich nickte. »Genau. Mir reicht's jetzt.«

Ewa war begeistert, wir sahen uns nun fast täglich und redeten mehr über die Zukunft als über die Vergangenheit. Und schließlich beschlossen wir »unsere Sachen zusammen zu schmeißen«, wie man es in Hamburg ausdrückt.

Im Dezember 1966 haben wir geheiratet.

Ewas Schwester war Trauzeugin. Das allerdings war dem Standesbeamten nicht genug, das zweifache Ja-Wort müsse auch zweifach beglaubigt werden, war seine Logik. Zwei Trauzeugen mussten es sein, um rechtlich einwandfrei miteinander »bis ans Ende unserer Tage« verbunden zu sein. Unverrichteter Dinge wollten wir das Amt natürlich nicht verlassen.

Es gab damals schon den Begriff vom »Freund und Helfer« – und auf der gegenüberliegenden Straßenseite war eine Polizeiwache. Dort bat ich um Hilfe, die auch mit einiger Verwunderung gegeben wurde. So kam es, dass ein »Schupo« unsere Eheschließung besiegelte. Es mag ein bisschen so ausgesehen haben, als würden wir verhaftet.

*

Es war nicht leicht für mich, an Land festen Fuß zu fassen. Die schwankenden Schiffe gaben mir tatsächlich mehr Halt als das Leben an Land. Auf dem Schiff wurde ich gebraucht, doch an Land musste ich um Arbeit betteln. Das Wirtschaftswunder erlebte seine erste Rezession. Ich jagte jedem Job nach, der zu bekommen war. Auf der Werft als Kohlenträger, als Beifahrer, als Schiffs- und Kesselreiniger und vieles mehr – kein Job war mir zu dreckig oder zu schlecht bezahlt.

Das Geld reichte trotzdem nicht, um mit Ewa eine glückliche Ehe zu führen. Wir kappelten uns um Kleinigkeiten. Ich spülte mir den Frust auf Sankt Pauli in der Washington-Bar mit Bier runter. Dort hatte man in mir eine Ähnlichkeit

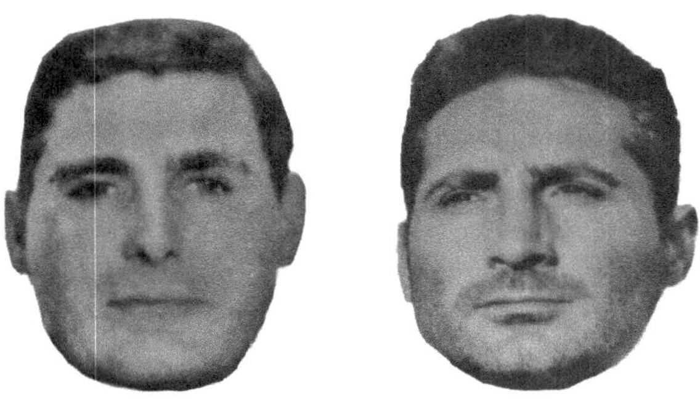

Erwin und Freddy
– im Dunkel der Washington-Bar irgendwie ähnlich

zum Sänger Freddy entdeckt und hatte Spaß daran, jungen Mädchen zu erzählen, dass der Schlagerstar mit der Gitarre immer noch hin und wieder auf ein Bier vorbeischaut.

»Da sitzt er doch vor seinem Bier. Lass dir doch ein Autogramm geben. Das macht er gern«, versprachen die Kneipenkumpels.

»Für einen Kuss!«, forderte ich dann – und bekam ihn und gab ihn zurück. Heiße Küsse statt »Brennend heißer Wüstensand …«

Wenn die Mädels dann erschrocken auf den Schriftzug »Erwin« blickten, gab es immer ein großes Gelächter.

Irgendwann hatte wohl auch Ewa davon erfahren. Und weil alles sowieso nicht so recht hinhaute mit uns, haben wir die Ehe wieder zu den Akten gelegt. Weil alles noch recht frisch war, ging die amtliche Scheidung ohne Komplikationen über die Bühne.

*

Was lag näher, als alles, was nach meinem »letzten Landgang« schief gelaufen war, auf See unter weitem Himmel zu vergessen. Adé, Ewa! Adé, Hamburg! Schiff, ahoi!

Ich hatte ein Frachtschiff mit fester Route. Von Hamburg ins Mittelmeer, um dann von der tropischen Westküste Afrikas Edelholz als Decksfracht nach Hamburg zu bringen. Nichts Aufregendes, wenn nur die Balken ordentlich verlascht auf dem Deck lagen. Wenn die Stämme in Waltershof gelöscht waren, nahmen wir Fracht in die Luken und die Tour begann von Neuem.

Zwischendurch blieb Zeit zum kurzen Besuch bei Mutter und ein paar Bierchen auf St. Pauli. Einmal kam mir Ewa entgegen. Ich wechselte auf die andere Straßenseite und sah in ein Schaufenster mit Krimskrams, das man nicht brauchte – und war sicher: Ewa hatte mich überhaupt nicht von vorn zu sehen bekommen.

Das war ein Irrtum. Denn auf der Rückfahrt der nächsten Frachtfahrt – wir hatten als zusätzlichen Hafen Antwerpen angelaufen – überraschte mich der Bootsmann mit vielsagendem Grinsen: »Post für dich, Erwin.«

Ewa hatte mir einen dicken Brief geschrieben. Dass wir Antwerpen anliefen, konnte sie nur von der Reederei erfahren haben.

Wir hätten wohl etwas übereilt gehandelt, schrieb sie. Und es tat ihr leid. Und natürlich hätte auch sie schuld daran. Und wir müssten die Ehe vielleicht noch ein bisschen üben.

Und sie liebte mich noch immer.

Als ich wieder in Hamburg war, habe ich nur kurz bei Mutter »Guten Tag« gesagt und dass ich diesmal viel an Bord zu tun hätte, weil es übermorgen schon wieder los gehen sollte.

»Erwin – Post für dich!«, rief der Bootsmann wieder. – Keine Reise mehr ohne Post von Ewa.

Wenn mich die Wellen in den Schlaf geschaukelt hatten, fing ich an, von Ewa zu träumen.

Wir hatten ja auch schöne Stunden zusammen verbracht. Und irgendwie hatte sie ja auch recht damit, dass wir beide etwas nervös miteinander umgegangen waren und übereilt wieder auseinander gelaufen waren. Wir sollten wenigstens gute Freunde bleiben.

Wenn mein Schiff in Hamburg anlegte, trafen wir uns auf ein gemeinsames Bier. Wenn ich auf Afrikafahrt war, erhielt ich dicke Briefe. Wenn ich wieder in Hamburg war, wartete sie am Kai. Und schließlich blieb ich bis zum Frühstück …

*

Um es kurz zu machen: Nach drei Jahren standen wir wieder vorm Standesbeamten. Im April 1971 kam Alexander auf die Welt. Jetzt waren wir eine richtige Familie – Vater, Mutter und Kind. Schluss mit großer Fahrt über die Meere.

Ab und an gab es Gelegenheit zur »Kleinen Fahrt« bei einer Bordparty auf der Hafenfähre.

Gelegenheitsarbeiten gab es genug. Doch das hieß, ständig auf der Suche zu sein. Nie wusste ich, was ich am Wochenende in der Tasche hatte. Immer musste ich Ausschau halten und rechtzeitig zur Stelle sein, um mich in der Schlange weiterer Arbeitsuchenden einzuordnen. Ich brauchte eine feste Arbeitsstelle.

Dann las ich im Stellenmarkt unserer Tageszeitung, dass ein Malermeister in Blankenese mehrere Gesellen suchte. Das war eine Arbeit, die ich mir zutraute. Wir hatten unsere Schiffe doch auch immer selbst anstreichen müssen, um sie vor Rost zu schützen.

Der Meister war mit mir einverstanden. Seine Frage, in welchen Bereichen ich denn bisher so gemalt hätte, war mit »Alles mögliche, sogar Schiffe und Salons.« gut und ungelogen beantwortet. Nach einem Gesellenbrief fragte er nicht – er wollte sich wohl sein eigenes Urteil bilden.

Jetzt zog ich mit den Malergesellen auf Kundschaft. Und ich habe immer genau hingeschaut, wie die anderen es machen. Ich durfte mich nicht dumm anstellen. Von zehn ausgebildeten Malergesellen kann man eine ganze Menge lernen. Niemand hat bemerkt, dass ich innerhalb der Belegschaft quasi der Lehrling war.

Nach drei Jahren hatte der Meister einen besonderen Auftrag für mich. Ganz allein sollte ich bei einem prominenten Kunden eine teure Seidentapete kleben.

Da ging mir die Muffe, kleinlaut gestand ich: »Chef, so was habe ich noch nie gemacht. Und ich habe es auch nie gelernt. Ich bin Matrose, der auch Schiffe angestrichen hat, aber kein Malergeselle für so feine Sachen. – Schmeißen Sie mich nun raus?«

Der Meister stutzte und zog eine Augenbraue hoch, dann aber grinste er: »Erwin, du hast deine Arbeit immer gut gemacht und kannst bei uns gern so weitermachen. Auch dein Lohn bleibt, wie er ist. Und nun schnack man nicht so viel davon. Für die Seidentapete haben wir auch noch einen anderen Spezi.«

Sechs Jahre habe ich den Pinsel gequält. Größere Häuser haben wir nicht nur für den Fassadenanstrich mit Baugerüsten versehen.

Diese Arbeit lag mir.

Aber der Wind kam von der Elbe.

»Bleib sauber!« gilt bei dieser Arbeit für den Hafen, nicht für den, der dafür sorgt.

Hafenmatrose

Irgendwann kam es mir vor, als ob ich mit der Malerei unter falscher Flagge segelte. Schon durch die Hafennähe wurde mir klar, dass ich Wasser unter den Füßen und Wind in den Haaren brauchte.

1977 hatte meine Suche nach einer krisenfesten Arbeit Erfolg. Das Unternehmen »Strom- und Hafenbau« der Freien und Hansestadt Hamburg suchte Matrosen für eine Baggerschute. Das war etwas für mich. Und so fing ich bei der Hamburger Behörde an, Abteilung SB 212, Baggerie und Schifffahrt.

Wir baggerten im Hamburger Hafen, um den Schiffen genug Tiefe zu geben. Mein Arbeitsplatz war eine Baggerschute. Schlick, Sand und Mischboden wurde zu Tage befördert. Alles maschinell.

Meine Arbeitszeit lief in Wechselschicht. Von 14:00 bis 22:00 Uhr, dann schlief ich an Bord, und morgens ging es um 6:00 Uhr wieder mit der Arbeit los und dauerte bis 14:00 Uhr. Dann hatte ich vierundzwanzig Stunden Feierabend bis zum nächsten Tag um 14:00 Uhr.

Sonnabends und sonntags war Freizeit für die Familie. Es war ein Traumjob. Der ganze Hafen war mein Arbeitsplatz. Es gab immer etwas zu tun. Im Winter haben wir Eis gebrochen. Wir hatten in den Jahren regelmäßig Treibeis im Hafen. Im Fahrwasser trieben Eisschollen, die zusammengefroren waren und den Schiffsverkehr behinderten.

Was ich mir vorher nicht vorstellen konnte: Die Elbe erwies sich als wahre Schatzkiste. Vieles, was vom Grund der Elbe hochgespült oder aufgespürt und geborgen wurde, hatte einen ideellen Wert. Einiges landete in Sammlungen oder Museen.

Einmal war ein 200-Kilo-Fass Bienenhonig dabei. Das war nichts für Museen, aber in einigen Familien haben sich die Kinder die Finger geleckt. Anders war es mit Bernstein, der wohl aus der Steinzeit stammte und von Eisbergen ins

Urstromtal der Elbe geschoben wurde. Manches ist wohl gleich wieder im Baggerschlamm versunken – vielleicht bis zum nächsten Mal.

Der sensationellste Fund war in meiner Zeit eine Kogge aus dem Jahr 1463. Sie war voll beladen mit Kupferbarren, Münzen, allgemeinen Bordgegenstände, nautischen Geräten und Waffen aus vergangenen Zeiten.

Auch unzählige noch scharfe Bomben holten wir vom Elbgrund, meistens in Kooperation mit Tauchern der Bergungsreederei Harmstorf.

Ein grausiger Fund war ein Auto, in dem der tote Fahrer noch hinter dem Lenkrad saß. Die Elbe hat noch manche Geheimnisse.

Die noble Variante: Der Baggerkapitän lässt baggern.

Die echten FC St. Pauli-Fans vom Millerntor

Mein Herz schlägt für St. Pauli

Vielleicht ist es so: Wer auf St. Pauli aufwächst, der bekommt eine spezielle Kerbe in seine Gene. Und die kriegst du nicht wieder weg – willst es auch gar nicht. Hamburg, der Hafen, die Elbe – das prägt den Charakter. Hier treffen Weltoffenheit und Heimat hart aufeinander, ist vielleicht sogar dasselbe.

Und natürlich gröle ich mit, wenn die Jungs vom FC Stankt Pauli im Stadion am Millerntor den Fußball über den Rasen schießen. Es geht nicht nur um den Sieg – wenn die anderen gewinnen, wird ebenso gefeiert.

Fußball ist meine Leidenschaft. Nicht etwa in der Altherrenmannschaft auf dem Platz, aber in der Fan-Abteilung. 1988 übernahm ich den FC St. Pauli Millerntor-Fanclub und leitete ihn als

Präsident. Welch eine Ehre! Es war aber weniger ein Präsentieren, als vielmehr eine Menge Organisations-Arbeit: die Busse für die Auswärtsspiele besorgen, für Essen und Trinken und Tribühnenplätze sorgen, manchmal auch für Übernachtungen, aber ein Fan-Bus ist auch eine gute Schlafstätte.

Sogar eine Millerntor-Fanclub-Zeitung informierte über Siege und Niederlagen sowie über Dinge, die nicht in der Tageszeitung standen. Wenn wichtige Spiele mit prominenten Vereinen auf dem Programm standen, plakatierte ich es sogar auf meinem Hafen-Bagger vom Strom- und Hafenbau. Da aber hatte ich meinen Brot-Job – und damit mir nicht alles über den Kopf wachsen würde, übergab ich mein präsidiales Amt an den Kassenwart, der den Fanclub in meinem Sinne fortführte.

Dem FC St. Pauli bin ich auf ewig treu.

*

Die Jahre bei »Strom- und Hafenbau« sind verstrichen. Ab Weihnachten 1995 – acht Monate vor meiner Rente – begann ich, meine Erinnerungen zu sammeln. Auch, um sie für mich selbst besser in Erinnerung zu behalten.

Das war gut so, denn Ewa, die sich viele Jahre lang geduldig all meine Geschichten auch mehrmals anhörte, lebt nicht mehr. Alexander, der bei der Post einen besseren Job gefunden hat, als ich ihn mir überhaupt vorstellen konnte, interessiert sich vielleicht erst in einigen Jahren dafür, wie sein Vater und die Deutschen im Allgemeinen durch die Nachkriegszeit gekommen sind – und wie es auf See zuging, als Deutschland wieder zur See fahren durfte.

Mit der Rente kam ein Campingwagen an die Ostsee. Hier genieße ich die Natur und kann auch mal weit übers Wasser schauen, wenn mir das Hafenleben und St. Pauli zu eng werden.

Langeweile kenne ich nicht, es gibt immer etwas zu tun – und manchmal entstehen dabei Bretter mit Seemannsknoten.

Bleiben auch Sie immer gut vertäut
Ihr Erwin Prybysz

Von Seefahrt und Hafen

Flucht aus der jungen DDR, um ab Hamburg die Welt zu umschiffen.
ISBN 978-3-944459-83-7

Die Edelholz-Mafia will Macht über den Hamburger Holzhafen.
ISBN 978-3-944459-45-5

Milieu-Krimi aus den 70er Jahren. St. Pauli, Hamburgs sündige Meile.
ISBN 978-3-948218-14-0

Historischer Roman: Gründung des Norddeutschen Lloyd - 1857.
ISBN 978-3-944459-94-3